DEUDA PÚBLICA EXTERNA VENEZOLANA: CONSIDERACIONES JURÍDICAS EN TORNO A SU REESTRUCTURACIÓN

Academia de Ciencias Políticas y Sociales

RAFAEL BADELL MADRID

DEUDA PÚBLICA EXTERNA VENEZOLANA: CONSIDERACIONES JURÍDICAS EN TORNO A SU SU REESTRUCTURACIÓN

Serie Estudios
161

editorial jurídica venezolana international
2026

B141

Badell Madrid, Rafael

Deuda pública externa venezolana: consideraciones jurídicas en torno a su reestructuración / Rafael Badell Madrid. -- Caracas: Academia de Ciencias Políticas y Sociales, 2026.
106 p.
Serie Estudios, 161

ISBN: 978-980-18-7926-8
Depósito legal: DC2026000101

1. DEUDA PÚBLICA EXTERNA 2. ECONOMÍA NACIONAL 3. NEGOCIACIÓN FINANCIERA I. Título

Queda hecho el depósito de ley
Depósito legal: DC2026000101

ISBN: 978-980-18-7926-8

Portada: Evelyn Barboza
Diagramación: Oralia Hernández

Impreso en Venezuela
Printed in Venezuela

CONTENIDO

INTRODUCCIÓN

Empecemos por afirmar que la reestructuración integral de la deuda pública externa venezolana es una condición ineludible y prioritaria para la reconstrucción económica e institucional del país en el corto y mediano plazo, por lo cual es necesario promover un debate nacional en torno a este tópico que exige planificación urgente y, al menos, cuatro razones ameritan su premura: (i) Venezuela enfrenta una crisis de deuda soberana de proporciones extraordinarias e inéditas en el panorama internacional; (ii) la magnitud de la deuda constituye un gravamen considerable para la eventual recuperación de la economía del país; (iii) el tiempo corre presurosamente en contra, pues la presión de los acreedores para tener certidumbre sobre sus inversiones se incrementará notablemente en la medida en que haya expectativas favorables para la economía venezolana; y (iv) el aplazamiento de medidas necesarias para preservar el patrimonio nacional repercutirá directamente en la población venezolana.

Aunque se trata de un asunto que pudiese percibirse como supletorio frente a desafíos de mayor urgencia nacional, consideramos que sería negligente evadir la preparación necesaria para sortear esta delicada situación financiera que compromete el futuro económico del país. Bajo esa premisa, la búsqueda de estrategias sostenibles para procurar una reestructuración omnicomprensiva debe ser abordada como prioritaria por todos los profesionales que, de alguna manera y desde sus respectivos ámbitos, pueden aportar propuestas orientadas a resguardar el patrimonio nacional. Contribuir oportunamente al debate de ideas y propuestas es la razón que ha motivado el presente trabajo.

I. LA DEUDA PÚBLICA EXTERNA EN VENEZUELA

Para la mayoría de los venezolanos la *deuda externa* es un término familiar. Formó parte del vocabulario cotidiano a lo largo del siglo XX y constituyó una constante en la vida económica del país, aun cuando su verdadera magnitud y consecuencias permanecieron, en gran medida, desconocidas para la generalidad de la población. A partir del año 2000, la relevancia pública de la deuda externa comenzó a diluirse, tanto por el intenso dinamismo político experimentado en el país, como por el progresivo declive de la economía nacional que desplazó la atención ciudadana de fenómenos macroeconómicos, para migrar a lo que se ha denominado una economía de supervivencia, realidad que ha marcado la vida de los venezolanos en las dos últimas décadas.

1.1. Antecedentes

El presente repaso histórico sorprenderá al lector por su vigencia y ayudará a contextualizar la situación actual. Su conveniencia se funda en dos premisas que estimamos de utilidad práctica: comprender que la cuestión de la deuda externa no es coyuntural o incidental, sino *estructural* y ha estado presente en toda nuestra historia republicana; y recordar que ante escenarios crediticios acaso más complejos, Venezuela pudo recuperar su credibilidad financiera en el plano internacional haciendo uso de enfoques de reestructuración sensatos pero creativos, con base en proyectos sostenibles.

1.1.1. Condición originaria

Venezuela nació *endeudada*. Tal como sucedió con las colonias en América[1], nuestra deuda externa tuvo una condición innata. Para el año 1817, el movimiento independentista ya había requerido de créditos internacionales, que fueron asumidos por órdenes directas de *Bolívar*, con

[1] Todas las colonias españolas que iniciaron procesos de independencia asumieron deuda pública externa existente, tal como sucedió con los Estados Unidos de América luego de su independencia: "*The U.S. has had debt since its inception. Our records show that debts incurred during the American Revolutionary War amounted to $75,463,476.52 by January 1, 1791*". *Cfr.*: "The History of the Debt", web *TreasuryDirect* del Departamento del Tesoro Americano.

sociedades financieras británicas, destinados a sufragar tanto material bélico como las campañas militares[2]. Para 1821, fecha en que se constituyó formalmente la *Gran Colombia*, la considerable deuda pública externa (calculada en £500.000) obligó a realizar refinanciamientos para consolidar pasivos que, no obstante, siguieron incrementándose durante la extensa campaña libertadora[3].

La *reestructuración* de deuda tampoco nos ha sido ajena. En 1822, todavía dentro de la unión grancolombiana, se llevó a cabo la primera operación de este tipo, a través de la emisión de bonos con cupón, derivada del empréstito suscrito entre el vicepresidente colombiano *Zea* y la sociedad financiera *Herring, Graham & Powles* (£2.000.000)[4], préstamo que precisó de refinanciamiento en apenas dos años con la *Goldschmidt & Co.* (por £4.750.000)[5]. De ese modo, cuando Venezuela se proclamó nación soberana en 1830, lo hizo asumiendo un pasivo preexistente: 28.5% de la deuda pública externa de la unión grancolombiana[6].

---

2 "*Las negociaciones grancolombianas en Londres estuvieron inicialmente a cargo de Luis López Méndez (...). Desde 1817 (...) consiguió (...) recursos bélicos y aprovisionamientos diversos*". *Cfr.*: Rodríguez Campos, Manuel, "Deuda interna y deuda externa (1810-1930)" en *Diccionario de Historia de Venezuela*, Tomo 2, Ed. FEP, Caracas, 2011.

3 Marichal comenta que: "*...Bolívar resolvió sondear a la comunidad bancaria de Londres acerca de la posibilidad de negociar un préstamo a largo plazo para liquidar las deudas y para obtener fondos adicionales para su ejército. El primer empréstito externo latinoamericano sería, por consiguiente, un préstamo de guerra*". *Cfr.*: Marichal, Carlos, *Historia de la deuda externa de América Latina: Desde la independencia hasta la gran depresión, 1820-1930*, Alianza Editorial, México, 1988, p.p. 17 y ss.

4 "*Los bonos se vendieron en la bolsa londinense a un precio original de 80% y fueron adquiridos presumiblemente por más de mil inversionistas ingleses. Los intereses* [al 6%] *deberían pagarse durante 27 años cada seis meses en Londres por los banqueros Barclay, Tritton, Bevan y Cía...*". *Cfr.*: Liehr, Reinhard, "La deuda exterior de la Gran Colombia frente a Gran Bretaña 1820-1860" en *The public debt in Latin America in historical perspective*, Bibliotheca Ibero-Americana Vervuert, Madrid, 1995, p.p. 466-488.

5 Rodríguez Campos, *Ob. Cit.*, p. 87.

6 Berglund destaca: "*From the very beginning, Venezuela had been paying a portion of the Colombian domestic debt because it was charged against Venezuelan revenues. The British bondholders began pressing for a settlement of the foreign debt as early as 1832, in part because the domestic debt was being paid (a pattern which would be repeated in the future). However, it was made clear to them that any formal discussions would have to wait until Venezuela, Colombia and Ecuador accorded a division of the debt. Such an agreement was signed in late 1834 but was not ratified by the Colombian Congress until 1837. Under its terms, Venezuela was assigned 28½ percent of both the domestic and the foreign debt of the Republic of Colombia*". Berglund, Susan, "The Public Debt of Venezuela: Causes and Effects, 1830-1870", en Liehr, Reinhard, *Ob. Cit.*, p. 421.

1.1.2. Siglo XIX: deuda y reestructuraciones

La cantidad legada se incrementó notablemente durante los gobiernos militaristas del siglo XIX, propensos a endeudamientos extranjeros, lo que trajo como resultado una situación alarmante incluso bajo estándares actuales: el gobierno venezolano realizó nueve procesos de reestructuración en un periodo de apenas 60 años (1840-1900). Al menos tres durante el gobierno de *Páez* (1840, 1848, 1862); cinco durante los gobiernos de *Guzmán Blanco* (1863, 1864, 1872, 1874, 1880) y una consolidación bajo el gobierno de *Joaquín Crespo*, negociada con el *Disconto-Gesellschaft* (actual *Deutsche Bank*) en 1896[7]. Con tales antecedentes, lejos de ser extraordinaria, la reestructuración de deuda externa resultó *característica* de las finanzas públicas venezolanas desde el origen de la República[8].

1.1.3. Default de 1902

Aunque menos común, tampoco nos debería resultar extraño el *default*. Fue célebre el originado por la suspensión unilateral de pagos de obligaciones crediticias extranjeras ordenada por el presidente *Cipriano Castro* en 1902[9], que ocasionó una crisis política internacional que culminó con el bloqueo de los puertos venezolanos por buques alemanes, británicos e italianos[10], para el cobro coactivo de sus acreencias en ejercicio de la "*gunboat diplomacy*"[11].

---

7 Para conocer sobre las sucesivas operaciones de crédito público, ver: Rodríguez Campos, Manuel, *Ob. Cit.*, p.p. 88-90; y con más detalle, Pimentel y Roth, Francisco, *Historia del crédito público en Venezuela*, Ministerio de Crédito Público, Caracas, 1974.

8 Pimentel, Francisco, *Resumen cronológico de las leyes y decretos del crédito público de Venezuela desde el año 1826*, Ministerio de Crédito Público, Caracas, 1873.

9 "*El escenario que generaría posteriormente el conflicto con las potencias europeas, estará determinado presumiblemente por la postura intransigente de Cipriano Castro, al negarse a pagar, cualquier empréstito, interés y, reembolsos por daños y perjuicios, anteriores al 23 de mayo de 1899*". *Cfr.*: Salazar, Andrés, y Ospina, Ramón, "El bloqueo de las costas de Venezuela: un breve desencuentro con el imperialismo europeo", *Scientific*, 9(31), 68-86, 2024.

10 Mitchell, Nancy, "Venezuela Blockade (1902-1903)" en Martel, Gordon, *The Encyclopedia of War*, Wiley-Blackwell, 2011.

11 Mandel, Robert, "The Effectiveness of Gunboat Diplomacy", *International Studies Quarterly*, V. 30-1, Oxford University Press, 1986. En castellano se ha traducido la expresión como "*diplomacia de los cañoneros*".

Esa situación, que se resolvió en gran medida con la intervención del presidente *Roosevelt* y la firma de los *Protocolos de Washington* en 1903[12], tuvo importantes repercusiones en el plano nacional e internacional. Por una parte, Venezuela comprendió las consecuencias del impago en un entorno propenso al belicismo; por otra, generó la formulación de dos importantes posturas diplomáticas: la *Doctrina Drago*, sintetizada en la abstención del uso de la fuerza para el cobro de deuda pública[13]; y la *Doctrina Calvo*, que predica la preeminencia de la jurisdicción local ante reclamaciones extranjeras[14]. Sin ser considerada un principio de derecho internacional público, la *Cláusula Calvo* fue adoptada casi unánimemente por los países hispanoamericanos y, en el caso de Venezuela, incorporada desde 1893 en todos los textos constitucionales como la *cláusula de inmunidad de jurisdicción*, previsión que se mantiene a la fecha en el artículo 151 de la Constitución de la República Bolivariana de Venezuela de 1999 ("CRBV")[15].

La finalidad fue evitar que Venezuela fuese demandada en el extranjero por controversias suscitadas en el marco de contratos de deuda externa (empréstitos) considerados de *interés nacional*[16], aplicación que a la postre sería "relativa" (desde que la exclusión de juicios

---

12 Rojas Sardi, Armando, *Los Estados Unidos y el bloqueo de 1902: deuda externa: agresión de los nuevos tiempos*, Academia Nacional de la Historia, 1992.

13 Con motivo del bloqueo internacional a Venezuela, el Ministro de Asuntos Exteriores de Argentina, Dr. Luis María Drago, envió una nota diplomática a Washington en la que expuso, entre otras cosas, lo siguiente: "*El reconocimiento de la deuda, la liquidación de su importe, pueden y deben ser hechos por la nación sin menoscabos de sus derechos primordiales como entidad soberana; pero el cobro compulsivo e inmediato, en un momento dado, por medio de la fuerza, no traería otra cosa que la ruina de las naciones más débiles y la absorción de su gobierno con todas las facultades que le son inherentes por los fuertes de la tierra*". *Cfr.*: Fabela, Isidro, *Las Doctrinas Monroe y Drago*, UNAM, México, 1957.

14 Tamburini, Francesco, "Historia y destino de la 'Doctrina Calvo': ¿actualidad u obsolescencia del pensamiento de Carlos Calvo?", *Revista de Estudios Histórico-Jurídicos*, Derecho Internacional, Valparaíso, Chile, 2002.

15 CRBV: "*Artículo 151. En los contratos de interés público, si no fuere improcedente de acuerdo con la naturaleza de los mismos, se considerará incorporada, aun cuando no estuviere expresa, una cláusula según la cual las dudas y controversias que puedan suscitarse sobre dichos contratos y que no llegaren a ser resueltas amigablemente por las partes contratantes, serán decididas por los tribunales competentes de la República, de conformidad con sus leyes, sin que por ningún motivo ni causa puedan dar origen a reclamaciones extranjeras*".

16 Sobre el tema en general ver: Sansó, Beatrice, "La inmunidad de jurisdicción en el Artículo 151 de la Constitución de 1999", en *Libro Homenaje a Enrique Tejera París, Temas sobre la Constitución de 1999*, Centro de Investigaciones Jurídicas, Caracas, 2001, p.p. 333-368.

internacionales en contratos de deuda externa venezolana es prácticamente la excepción a la regla). No obstante, la calificación de contratos como de interés público nacional resultaría relevante, como veremos, para la gran mayoría de las futuras operaciones crediticias de la nación.

1.1.4. Extinción de la Deuda (1930)

Con posterioridad a los acuerdos de 1903, la República desarrolló acciones destinadas a dar servicio inmediato a la deuda externa y, eventualmente, se planteó pagarla en su totalidad[17], meta que consiguió tres décadas más tarde, luego de esfuerzos notables, medidas económicas ejemplares y planificación fiscal a largo plazo. En efecto, una consecuencia de que el gobierno de *Castro* se haya visto compelido a realizar pagos urgentes de intereses y capital, fue la creación de un impuesto extraordinario sobre el 30% de las importaciones y aduanas, que aumentó eficazmente la recaudación para dar servicio continuo a la deuda[18]. Este tipo de medidas, sumada a los ingresos petroleros que se empezaron a generar a partir de 1914, hizo que Venezuela incrementara velozmente sus reservas, situación que permitió al gobierno de *Gómez* cancelar la totalidad de la deuda externa en 1930[19], fecha del centenario de la muerte del Libertador[20]. Venezuela fue, así, el único país de América Latina que pudo cancelar totalmente su deuda externa durante el siglo XX.

1.1.5. Siglo XX: endeudamientos cíclicos

Con posterioridad a su extinción, el país no incurrió en nuevos compromisos financieros extranjeros hasta mediados de 1950[21], cuando el gobierno de *Pérez Jiménez* convirtió pasivos incipientes en una novedosa *deuda flotante*, que siguió incrementándose durante los

---

17 Rodríguez Campos, *Ob. Cit.*, p. 92.

18 *Idem.*

19 *Vid.*: "Relación de las Moratorias y Renegociaciones de las Deudas Latinoamericanas entre 1931-1950" y los montos de deudas consolidadas para 1933: Marichal, Carlos, *Ob. Cit.*, p. 156 y ss.

20 "*Venezuela está libre de deudas y no le debe a nadie*", afirmó Gómez en un mensaje nacional.

21 Las acciones compulsivas de cobro "*dejaron una experiencia traumática para Venezuela*" y esa "*dura lección de principios de siglo se mantuvo vigente por mucho tiempo y era algo así como una norma de honor nacional no recurrir al crédito público externo*". *Cfr.*: Maza Zavala, Domingo, "Deuda 1935-1993" en *Diccionario de Historia de Venezuela*, Tomo 2, Ed. FEP, p. 95.

gobiernos de *Betancourt*, *Leoni* y *Caldera*, no obstante haber contado éstos con una triplicación de los ingresos fiscales ordinarios entre 1959 y 1973, producto de la renta petrolera.

La situación se tornó más complicada a partir de 1974, con el incremento del gasto público del primer gobierno de *Pérez* que, financiado por deuda sustentada en exportaciones de crudo, reavivó el ciclo de endeudamientos, cuadriplicando en cuatro años la deuda pública existente a la fecha[22]. El gobierno de *Herrera Campíns* -detractor de los pasivos legados[23]- contribuyó en amplificar la deuda, por medio de operaciones incurridas por los nuevos entes descentralizados[24], lo que aumentó la cifra hasta alcanzar los US$ 27.000 millones en 1984[25], a pesar de la bonanza experimentada entre 1979 y 1982.

1.1.6. Procesos de Reestructuración de 1985 y 1990

Esta circunstancia originó una discusión nacional sobre la necesidad de reestructurar la deuda externa para alcanzar estabilidad financiera en el plano internacional, lo que condujo a dos grandes procesos de reestructuración a finales del Siglo XX: el realizado durante el primer año del gobierno de *Lusinchi* (1985), como una medida forzosa impuesta por bancos acreedores extranjeros que exigieron la supervisión del Fondo Monetario Internacional (FMI), proceso que culminó en 1987 de manera relativamente satisfactoria; y el realizado durante el segundo gobierno de *Pérez* (1989-1990), en el marco del *Plan Brady*, activado por los Estados Unidos para la reestructuración de deudas latinoamericanas que podían entrar en *default*, el cual se concretó a través del denominado *Plan de Financiamiento 1990*[26].

22 "*En el período 1974-1978 (...) el endeudamiento neto público aumentó (...) en 482%, si se toma en cuenta solo la deuda autorizada...*". *Ídem*, p. 97.

23 Formuló la célebre frase "*recibo una Venezuela hipotecada*" en su discurso inaugural en 1979 ante el Congreso.

24 Kelly, Janet, "Las empresas del estado. Del lugar común al sentido común" en Naím, Moisés, y Piñango, Ramón, *El Caso Venezuela: una ilusión de armonía*, IESA, Caracas, 1985, p. 141.

25 "*Es particularmente notable la contradicción entre la bonanza fiscal, manifestada en los más elevados ingresos ordinarios, sin precedentes en la historia de la Hacienda Pública venezolana, y la velocidad de endeudamiento público, sin que urgencias económicas o sociales fueran satisfechas mediante la aplicación de recursos obtenidos del crédito*". *Cfr.*: Maza Zavala, *Ob. Cit.*, p. 97.

26 Sobre el tema *Vid.*: Hernández Delfino, Carlos, "Venezuela y la iniciativa Brady", *Prodavinci*, Caracas, 2021.

1.1.7. Siglo XXI

La deuda externa se mantuvo en menor escala, pero el monto reestructurado creció durante el segundo mandato de *Caldera* (1999), aunque hasta una cuantía viable (US$ 20.000 millones) que se mantuvo hasta los primeros años del gobierno de *Chávez* (1999-2001)[27]. Por esa razón se ha afirmado que para comienzos del Siglo XXI la deuda externa venezolana era sostenible e incluso "pagable" sin que el país tuviese que recurrir a medidas extraordinarias.

1.2. Marco Teórico de la Deuda

El concepto de *deuda pública* se remonta a los orígenes de la economía y la moneda[28], pero ha evolucionado a través del tiempo como consecuencia del crecimiento de la Administración Pública y su organización, así como por la asunción por el Estado de nuevas y múltiples funciones empresariales por medio de la administración descentralizada funcionalmente[29]. Para fines de precisión terminológica, nos limitaremos a realizar una breve *tipología conceptual* que ayudará a nuestra exposición, pues la extensión limitada de este análisis impide profundizar en aspectos técnicos de la materia crediticia, más propios de un estudio económico que de un análisis jurídico.

1.2.1. Conceptualización de Deuda Externa

La noción aceptada internacionalmente y acogida por los organismos multilaterales (FMI y Banco Mundial) de deuda externa se refiere, de manera general, a todas las obligaciones crediticias que contrae un país (*sector público*) o sus residentes (*sector privado*), de pago de capital y/o intereses, frente a extranjeros (*instituciones financieras, acreedores o gobiernos*)[30]. Es un concepto integral y omnicomprensivo que incluye

---

27 Según Alayón y Marcano, entre 1999 y 2006, la deuda externa venezolana solo respecto de bonos, se mantuvo alrededor de los US$ 20.000 millones. *Vid.*: Alayón, Ángel, "Venezuela: la deuda externa en cifras", *Prodavinci*, Caracas, 2017.

28 Como destaca Graeber: "*... one of the first effects of the arrival of a commercial economy was a series of debt crises, of the sort long familiar from Mesopotamia and Israel*". Graeber, David, *Debt: The First 5000 Years*, Melville House Publishing, Nueva York, 2011.

29 Maza Zavala, *Ob. Cit.*, p. 95.

30 Fondo Monetario Internacional, IMF Fund, *External Debt Statistics: Guide for Compilers and Users*, 2023; y *Global Development Finance Database* del Banco Mundial. Para

todas las obligaciones, públicas y privadas. Aunque la deuda externa privada también ha sido un elemento determinante en la historia de Venezuela, su magnitud ha sido menor y ha traído, en perspectiva, menos problemas[31], por lo nos interesa aquí la noción de deuda *pública* externa.

1.2.2. Deuda Pública

Deuda representada por todas las obligaciones crediticias que asume el *Sector Público* con acreedores extranjeros, lo que incluye a la República y las entidades territoriales descentralizadas, los Estados y Municipios, así como los entes descentralizados funcionalmente, que se concretan en los institutos autónomos y las empresas del estado (actores importantes en la asunción de créditos internacionales en Venezuela desde mediados de 1970[32]).

No obstante la distinción aquí realizada de manera muy breve, la ***deuda pública externa***, soberana o asumida por empresas del estado, incluye a todas las obligaciones que representen un pasivo: créditos internacionales y las operaciones financieras subsecuentes que conllevan la emisión de títulos valores (bonos de la deuda y otros), sea deuda neta consolidada o flotante[33]; y pasivos provenientes de obligaciones contractuales y extracontractuales, así como la responsabilidad accesoria por cumplimiento o incumplimiento de esas obligaciones -que

---

Easterly la noción se refiere al conjunto de obligaciones financieras contraídas por un país con entidades extranjeras, que representan un compromiso de devolución del capital con intereses en un plazo determinado. *Vid.*: Easterly, William, "Debt Relief", *Foreign Policy*, Vol. 127, Nov/Dec. 2001.

31 Sobre los problemas de pago de la deuda externa privada para mediados de 1980, *Vid.*: Brewer-Carías, Allan R., "Las vicisitudes del pago de la deuda privada externa y las incongruencias jurídicas del poder ejecutivo", *Revista de Derecho Público*, N° 27, Editorial Jurídica Venezolana, p.p. 36-49, 1986.

32 *Vid.*: Escobar, Gustavo, "El Laberinto de la Economía" en Naím y Piñango, *Ob. Cit.*, p.p. 74-101.

33 Desde la Corona Española (1500-1600) se realizaban operaciones financieras reales que consistían en préstamos a corto plazo con interés, denominados "asientos", que en la contabilidad se registraban como *deuda flotante* y pasaban a ser *deuda consolidada* a través de los "juros". *Vid.*: Comín, Francisco, *Las crisis de la deuda soberana en España (1500-2015)*, Los Libros de la Catarata, Madrid, 2016. Sin embargo, como señala Maza, en la historia moderna de Venezuela, la deuda flotante, por lo general asumida por las empresas públicas, pasaba en corto plazo y por causas de impago a formar parte de la deuda soberana general por vía de refinanciamientos. *Vid.*: Maza Zavala, *Ob. Cit.*, p. 95.

conforman una deuda que no es derivada estrictamente de operaciones financieras crediticias respecto de su origen-, los cuales no siempre son computados con rigor dentro de los datos de la deuda pública externa total, como ha sucedido en el caso de Venezuela[34].

De ahí que, dentro de este estudio, la distinción del origen financiero de la deuda será relevante, pues aunque toda reestructuración integral deberá atender al espectro entero de la deuda pública externa existente, la derivada de los bonos soberanos o de empresas del estado -parte significativa del *default*- merece atención por su particular regulación.

1.2.3. Deuda Soberana

Deuda asumida directamente por la República o la Nación y se rige por una jurisdicción extranjera[35] (también se le denominaba en Venezuela como *deuda directa*[36]). En la actualidad, esta noción sugiere, por lo general, la emisión de títulos o instrumentos (*bonos*) en el mercado internacional[37].

---

[34] Esto ha sido destacado por casi todos los investigadores sobre el tema, al resaltar que la deuda de los contratos de créditos y de las emisiones de bonos, representa solo una fracción de la deuda total, que incluye todo tipo de pasivos atribuibles al sector público, de muy variada índole. Hernández ha indicado que en Venezuela: "*la llamada deuda no-financiera,* [es una] *categoría que es una especie de 'cajón de sastre', pues incluye títulos muy disímiles: incumplimientos contractuales, en especial, a contratistas de PDVSA; incumplimientos de pagarés emitidos por PDVSA; obligaciones por expropiaciones, confiscaciones, ocupaciones y otras medidas similares, y obligaciones derivadas de sentencias y laudos arbitrales firmes*". Hernández, José Ignacio, *¿Qué está pasando con la deuda pública externa venezolana?*, nota publicada en *La Gran Aldea*, febrero de 2022.

[35] "*En la práctica del mercado internacional se utiliza el término deuda soberana para denominar a aquella deuda de Estado que se instrumenta mediante la emisión de bonos que cotizan en ofertas públicas en mercado de valores. El término incluye todo contrato de préstamo que celebra la Administración Pública con alguna persona de derecho privado o bien con algún organismo internacional y que son instrumentados mediante la emisión de bonos emitidos en diferentes monedas y jurisdicciones*". *Cfr.*: Carrasquero, Andrés, Escovar, Ramón, Campos, Mariana, y Freitas, Víctor, *Procesos de reestructuración de la deuda soberana: lecciones aprendidas para Venezuela de Uruguay, Grecia, Puerto Rico y Argentina*, CEDICE, 2023, p. 6.

[36] Maza Zavala, *Ob. Cit.*, p. 98.

[37] Calvo, Guillermo, "Servicing the Public Debt: The Role of Expectations", *The American Economic Review*, Vol. 78, No. 4 (Sep), 1988, p.p. 647-661; y Buchheit, Lee, y Gulati, Mitu, "How to Restructure Greek Debt", *Duke Law School Public Law & Legal Theory Series*, Mayo, 2010. Este tipo de pasivos son generalmente emitidos en mercados internacionales de capital y regidos por leyes foráneas, lo que puede dificultar su reestructuración

1.2.4. Deuda Financiera

a) Orígenes

El mecanismo financiero de transformar créditos en bonos soberanos existe desde los orígenes de las deudas monárquicas y está documentado desde mediados de 1600, durante el reinado Carlos II en Inglaterra, cuando se emitieron "*órdenes de tesorería garantizadas*", títulos de crédito de la Corona sujetos al pago de capital e intereses, cuyo impago trajo importantes problemas al sistema financiero vigente[38]. En América, en 1776, las colonias inglesas ya habían emitido "*certificados de préstamo*" para financiar las guerras independentistas[39]; y en España, en 1780, final del reinado de Carlos III, se introdujeron los "*vales reales*", títulos de deuda redimibles a veinte años con un cupón del 4%, que tenían la particularidad de poder ser utilizados como papel moneda y que con el tiempo pasaron a denominarse simplemente *títulos de la deuda nacional*[40], coexistiendo con los posteriores "*billetes de crédito liquidados*"[41].

Estos antecedentes históricos, entre otros, establecieron las bases para la emisión de títulos de deuda bajo diversas denominaciones, pero con una esencia común: *instrumentos financieros, en forma de bonos, diseñados para que las naciones obtengan créditos y recursos extraordinarios*. Esta práctica iniciada en las monarquías del siglo XVI, paulatinamente se convirtió en una herramienta fundamental para la financiación de proyectos y el manejo de las economías nacionales.

En la actualidad, las operaciones de crédito público en el ámbito internacional generalmente adoptan esta forma: créditos o préstamos internacionales que obligan a las naciones a recurrir a la emisión de

---

en caso de impago. *Vid.*: Portes, Richard, Freixas, Xavier y Dewatripont, Mathías, *Macroeconomic Stability and Financial Regulation*, Center for Economic and Policy Research, 2009; y Borensztein, Eduardo y Panizza, Ugo, *The Costs of Sovereign Debt Default*, IMF Working Paper, Fondo Monetario Internacional, 2008.

38 Milevsky, Moshe, *The Day the King Defaulted: Financial Lessons from the Stop of the Exchequer in 1672*, Macmillan, 2017.

39 "The History of the Debt", Departamento del Tesoro Americano, web *TreasuryDirect*.

40 Comín, Francisco, *Ob. Cit.*

41 Cabe destacar que casi todos esos bonos soberanos primitivos cayeron en *default*, suspensión u otras circunstancias que derivaron en la necesidad de su reestructuración.

bonos, ya sean soberanos o pertenecientes al sector público en general, con o sin cupón, garantizados o no, pero generalmente regidos por normativa extranjera con la finalidad de que sean transaccionados en los mercados internacionales.

Conviene aclarar que la terminología en materia de deuda pública no clasifica explícitamente a este tipo de emisiones como "*deuda financiera*"; sin embargo es un término informal que tiene una utilidad práctica con base en la distinción del origen de la deuda: deuda derivada de instrumentos financieros *vs.* deuda proveniente de compromisos internacionales de otra naturaleza. Por una parte, porque la regulación de los bonos comporta una complejidad (normas y condiciones especiales generalmente internacionales) que suele superar la de los préstamos bilaterales convencionales; por otra, porque involucran a un número indeterminado de acreedores con calificaciones e intereses distintos, que presentan desafíos distintos a las negociaciones de obligaciones bilaterales o las extracontractuales.

b) Deuda de instrumentos financieros en Venezuela

Nos referiremos, en lo sucesivo, como deuda *derivada de operaciones financieras* a las emisiones de bonos de deuda pública, sean soberanos o de la administración pública descentralizada[42]. Bajo esa noción, haremos referencia a los bonos que precisan de reestructuración, en virtud del reciente *default*:

(i) Bonos soberanos emitidos como obligaciones directas, incondicionales, no garantizadas y generales, con vencimiento entre 2018 y 2038 ("*Bonos Soberanos*"); y

(ii) Bonos emitidos de la empresa estatal Petróleos de Venezuela S.A. (PDVSA), bajo distintas condiciones, como obligacio-

[42] Las empresas del Estado fueron actores importantes en la asunción de deuda, desde mediados de 1970, y sus pasivos solían ser consolidades eventualmente como deuda soberana por la República. Como apuntó Kelly: "*...la deuda externa de las empresas públicas había llegado a constituir más del 70 por ciento de la deuda pública a finales de 1982. [...]. Los datos (...) muestran que las empresas públicas han puesto en peligro la estabilidad financiera del Estado con esta contratación desmedida de créditos en el exterior. [...] Con la colaboración de los bancos del exterior, las empresas contrataron créditos más altos que los que su propia capacidad de pagar permitía, lo cual se descubrió, inequívocamente, cuando en 1982 se contrajo el mercado petrolero*". *Vid.*: Kelly, Janet, *Ob. Cit.*, p. 141.

nes directas, incondicionales con o sin garantía, con vencimiento entre 2017 y 2037 ("*Bonos PDVSA*")[43].

(iii) Aunque también hay bonos de otras empresas públicas (Elecar, Sidetur, Corpoelec)[44], a efectos de este estudio serán englobados dentro de la misma categoría que PDVSA.

Interés particular por las acciones judiciales producto del *default* recae sobre los *Bonos PDVSA 2020*: estos fueron producto de un canje realizado en 2016-2017 de bonos no garantizados que derivó en una nueva emisión ahora con una garantía prendaria (50,1% de las acciones de *PDV Holdings*), en la sociedad americana *Citgo Holdings*[45], propietaria de la totalidad de las acciones de la *Citgo Petroleum Company*, titular de activos petroleros de la Nación en el extranjero[46]. Las consecuencias respecto de su particular emisión[47] así como de las acciones judiciales pendientes serán cruciales dentro de la reestructuración.

---

[43] "*Se trata de 25 emisiones de bonos realizadas entre los años 1997 al 2016. Todos estos bonos; se encuentran en default (incumplimiento de obligación o mora). En el caso de siete bonos [Elecar 2018, Venezuela 2018 (US922646AT10), Venezuela 2018 (US-922646BE32), Venezuela 2018 (USP97475AD26), Venezuela 2019 (USP97475AN08), PDVSA 2020 (USP7807HAV70) y Venezuela 2020 (USP97475AG56)], el default se debe a la falta del pago del capital luego de la fecha de vencimiento; en cuanto al resto de los bonos, se debe a la falta de pago de intereses desde finales del año 2017*". *Cfr.*: Carrasquero, Andrés, Escovar, Ramón, y Campos, Mariana, *Deuda Externa Venezolana derivada de los Bonos*, CEDICE, 2022.

[44] Bonos emitidos por la C.A. La Electricidad de Caracas (Elecar), empresa controlada accionariamente por PDVSA para su fecha de emisión; por la Corporación Eléctrica Nacional, S.A. (Corpoelec); así como por Siderúrgica del Turbio, S.A. (Sidetur).

[45] Como se sabe, Citgo era una petrolera privada de vieja data, que fue fundada en 1910 como la *Cities Service Company* y fue adquirida mayoritariamente por PDVSA en 1986 (en su totalidad en 1990), junto con todos sus activos, como el caso de la refinería de Corpus Christi, en Texas (https://www.citgo.com/about/our-history).

[46] Además de la información públicamente disponible sobre este discutido asunto, *Vid.*: Badell Madrid, Rafael, "Comentarios sobre la sentencia No 821 de la Sala Político Administrativa del Tribunal Supremo de Justicia de fecha 8 de diciembre de 2022, referidos a los contratos de interés público nacional", en *Revista de Derecho Público No. 171-172*, Editorial Jurídica Venezolana, Caracas, 2022, p. 319.

[47] *Vid.*: Duque Corredor, Román, "Nulidad de los bonos PDVSA 2020" en *Revista de Derecho Público*, No. 161-162, Editorial Jurídica Venezolana, Caracas, 2022, p.p. 349-352; Pellegrino, Cosimina y Louza, Laura, "PDVSA firmó contrato de interés público nacional sin siquiera el aval de la Asamblea Nacional" en *Revista de Derecho Público*, No. 171-172, Editorial Jurídica Venezolana, Caracas, 2022, p. 111; y Brewer-Carías, Allan R., "El intento fallido de la Asamblea Nacional de ejercer el control político sobre la administración pú-

1.3. Naturaleza Jurídica de la Deuda Pública Externa

En la legislación venezolana todas las operaciones de deuda pública externa que son realizadas por el sector público son calificadas como operaciones de *crédito público*. Como generalmente dichas operaciones son compromisos contractuales con extranjeros, excepcionalmente pueden ser calificadas como *contratos de interés público nacional*.

1.3.1. Operación de Crédito Público

Se considera crédito público a las operaciones de deuda emitidas por entes públicos o negociadas en mercados públicos. De manera general, la noción de *crédito público* hace referencia a la capacidad de los entes públicos para obtener recursos económicos destinados a satisfacer gastos públicos, a través de operaciones de financiamiento. Históricamente, esta capacidad se fundaba en su "*aptitud política, económica, jurídica y moral (...) basada en la confianza de que gozan por su patrimonio (...) y su conducta*"[48].

Así, es una de las formas comunes de obtener recursos para *gastos extraordinarios*: mientras que los ordinarios se sufragan con ingresos previstos en el ordenamiento jurídico, bien por mandato legal (*v.gr.*: ingresos del situado constitucional) o en ejercicio de competencias propias del ente administrativo (*v.gr.*: ingresos tributarios)[49], los gastos extraordinarios nacen de necesidades a corto o mediano plazo, de carácter excepcional, que no pueden asumirse con los recursos autorizados para los gastos ordinarios. Sin embargo, al menos en la práctica venezolana, hemos observado que la utilización del crédito público no necesariamente se ha producido ante la necesidad de generar recursos extraordinarios, sino también por medio de actuaciones cotidianas de la Administración que suponen un compromiso del patrimonio público, por lo cual el legislador las ha llegado a considerar de igual manera como créditos públicos, sometidos al mismo mecanismo de control que las operaciones extraordinarias.

---

blica investigando la actuación de PDVSA, y su anulación por la Sala Constitucional" en *Revista de Derecho Público*, No. 147-148, Editorial Jurídica Venezolana, Caracas, 2016, p. 359.

48 Oría, Salvador, *Finanzas*, Buenos Aires, 1948.

49 Sobre el tema, *Vid.*: Brewer-Carías, Allan R., "El Poder Público" en *Instituciones Políticas y Constitucionales*, Tomo II, pp. 144.

En todo caso, las operaciones de crédito público, que constituyen el medio común a través del cual los entes públicos obtienen recursos *a corto plazo*, se derivan de mecanismos de endeudamiento, o cuando menos de compromiso del patrimonio público, por lo que deben estar previstas en el marco constitucional y desarrolladas legalmente. Desde 1826 Venezuela ha contado con abundante legislación referida al crédito público, en vista de que los *empréstitos* constituyeron una de las formas principales de financiamiento desde la formación de la República y hasta entrado el Siglo XX[50].

Sin embargo, nos limitamos en este estudio a mencionar el sustento vigente de las operaciones de crédito público, dentro de las cuales la principal es la deuda pública externa derivada de operaciones *financieras*, que se encuentra prevista en el artículo 312 de la CRBV que prevé:

> "*La ley fijará límites al endeudamiento público de acuerdo con un nivel prudente en relación con el tamaño de la economía, la inversión reproductiva y la capacidad de generar ingresos para cubrir el servicio de la deuda pública. Las operaciones de crédito público requerirán, para su validez, una ley especial que las autorice, salvo las excepciones que establezca la ley orgánica. La ley especial indicará las modalidades de las operaciones y autorizará los créditos presupuestarios correspondientes en la respectiva ley de presupuesto.*
> *La ley especial de endeudamiento anual será presentada a la Asamblea Nacional conjuntamente con la Ley de Presupuesto.*
> *El Estado no reconocerá otras obligaciones que las contraídas por órganos legítimos del Poder Nacional, de acuerdo con la ley*".

El constituyente delegó en el legislador fijar los *límites al endeudamiento público* de acuerdo con un nivel "prudente" en relación con la economía y, sobre todo, *la capacidad de generar ingresos* para cubrir el servicio de la deuda adquirida, advertencia que con frecuencia ha sido subestimada y que ha derivado en las reestructuraciones. A todo evento, la norma citada hace referencia a dos previsiones legales: la ley especial de endeudamiento anual y la ley orgánica que establecerá y regulará esas operaciones.

---

50 Pimentel y Roth, Francisco, *Historia del crédito público en Venezuela*, Archivo General de la Nación, 1974.

Precisamente en ejecución de esa disposición se promulgó en el 2000 la citada LOAF, con la finalidad de regular en un mismo texto los aspectos antes regidos por diversas leyes (presupuestarias, de deuda pública y de tesorería nacional)[51], además de organizar el denominado *sistema de crédito público*, antes previsto en las sucesivas leyes de crédito público[52]. La LOAF cuenta con diversos reglamentos para desarrollar los sistema presupuestarios, de tesorería, etc., pero nos concentraremos en lo sucesivo en las normas contenidas en el Reglamento No. 2 de la LOAF, antes mencionado, que desarrolló el *Sistema de Crédito Público* y expandió los aspectos técnicos contenidos en la Ley.

La LOAF definió al crédito público como "*la capacidad de los entes regidos por esta Ley para endeudarse*" y previó que tales entes serán la República, los Estados y los Municipios, así como a las demás personas jurídicas de derecho público, término integral que engloba también a los entes descentralizados funcionalmente (institutos autónomos, empresas del estado, así como fundaciones, asociaciones civiles y demás instituciones constituidas con fondos públicos) (art. 6). Además, expresamente previó lo que serían consideradas operaciones *de crédito público* y dentro de tales contempló todas las operaciones de endeudamiento (contratación de créditos, *emisión y colocación de títulos*, incluidas las letras del tesoro).

---

51 Su última reforma fue publicada en Gaceta Oficial N° 6.210 Extraordinario del 30 de diciembre de 2016.

52 "*De acuerdo con la Exposición de Motivos, la elaboración de esta ley responde a la necesidad de adecuar la normativa de los procesos fiscales a las exigencias de la nueva Constitución, cuya innovación en materia fiscal se concentra casi exclusivamente en el tema de las reglas macro-fiscales. En este sentido, se plantea el sometimiento de la gestión fiscal a los principios de eficiencia, solvencia, transparencia, responsabilidad y equilibrio fiscal, para lo cual se establece la obligatoriedad de la limitación del gasto y el endeudamiento público, de la Constitución de un fondo de estabilización macroeconómica, de la distribución inter temporal de la riqueza del subsuelo, de la explicitación de la política fiscal de largo plazo, del equilibrio y la sostenibilidad fiscal, de la coordinación de las políticas macroeconómicas y de la responsabilidad fiscal*". *Vid.*: Moreno, María Antonia, "La Ley Orgánica de Administración Financiera del Sector Público. Contenido, alcance y limitaciones" en *Revista Venezolana de Análisis de Coyuntura*, Vol. VII-2, UCV, Caracas, 2001.

1.3.2. Calificación excepcional: Contrato de Interés Público Nacional

Una vez establecido el principio general, conviene hacer referencia a un tipo especial de operaciones de crédito público que pueden constituir *contratos de interés público nacional.*

De antemano conviene aclarar que las operaciones de crédito público se realizan, por lo general, a través de mecanismos convencionales (*contratos*) que, por involucrar directamente a la Administración (*sector público*) y al interés público, tienen naturaleza de *contratos administrativos*: dentro de estos contratos, algunos podrán ser calificados como de *interés nacional* o de *interés público nacional*, que alude a una noción indeterminada y ampliamente discutida en la doctrina venezolana y que, a manera de consenso y con base en los criterios jurisprudenciales, resumiremos en que alude a los contratos celebrados por la República, a través de los órganos competentes para ello del Ejecutivo Nacional, así como por los Estados y Municipios, cuyo objeto sea *esencial para los fines del Estado* y su *cuantía* pueda afectar los *intereses económicos nacionales* o implique un pago en varios ejercicios fiscales[53].

El origen de esa conceptualización partió de la inclusión de esa calificación de contratos en la cláusula constitucional de inmunidad de jurisdicción, hoy prevista en el artículo 151 de la CRBV, cuyo origen se encuentra en la Constitución de 1864 (art. 72, ord. 8°) que atribuía al *Presidente de la Unión* la facultad de celebrar ese tipo de contratos

[53] La discusión doctrinal venezolana sobre este asunto ha sido extensa e incluye diversas posiciones de interés - Farías Mata, Lares Martínez, Brewer-Carías, Melich-Orsini, Caballero Ortíz, Ramos Martínez y otros- que ameritan un análisis exclusivo que no puede ser desarrollado a profundidad en este trabajo, en el que se expone el criterio vinculante de la decisión de la Sala Constitucional del Tribunal Supremo de Justicia del 24 de septiembre de 2002 (Caso: *Andrés Velásquez, Elías Mata y otros*). Así, a los efectos de este estudio, nos limitaremos a destacar que hay operaciones de deuda que serán consideradas como *contratos de interés público nacional* y, en particular, la reestructuración ha tenido esa calificación jurisprudencial por el Tribunal Supremo de Justicia. Sobre el tema véase en general los estudios: Badell Madrid, Rafael, "*Los Contratos de Interés Público Nacional*", en *Revista de Derecho Administrativo*, No. 19, Julio-Diciembre 2004, Caracas, 2004; Badell Madrid, Rafael, "Contratos de Interés Público" en *Revista de Derecho Público*, No. 159-160, Editorial Jurídica Venezolana, Caracas, 2021. Conviene indicar, como corolario, que la Sala Constitucional excluyó posteriormente de esta calificación a los contratos celebrados por PDVSA, como veremos.

y someterlos a la legislatura, disposición que se mantuvo inalterada en las constituciones de 1874, 1881, 1891 y 1893 (que ya hizo referencia al Presidente de la República y a la autorización del Congreso), para ser incluida en similares términos en los textos constitucionales de 1901, 1904, 1909, 1914, 1922, 1925 (referencia a contratos de líneas férreas, cables aéreos, comunicaciones telegráficas, inmigración), 1928, 1929, 1931 y 1936, hasta 1947, en donde se refundieron las nociones de contratos de interés nacional y contratos de interés público, lo que se mantuvo en la Constitución de 1961 y 1999, sin definir expresamente esa categoría.

De allí que desde sus orígenes esa calificación, precisó de la determinación del tipo de contrato/operación a través de un examen *caso por caso* y, por lo general, se consideraban como tales no solo a contratos de gran magnitud, sino a los celebrados entre la nación y entes extranjeros, dado que estos daban lugar a reclamaciones fuera del país[54]. Para nuestro estudio, la importancia de analizar esta especial naturaleza de contratos y su conceptualización resulta de dos razones:

a) Por una parte, porque ciertas operaciones típicas de crédito público pueden llegar ser calificadas excepcionalmente como *contratos de interés público nacional* por su naturaleza o magnitud, y esto deberá ser analizado caso por caso; y
b) Por otra, porque en lo que respecta a las operaciones de *refinanciamiento* de deuda pública con entidades extranjeras (deuda externa), todas ellas fueron expresamente consideradas como parte de esa categoría especial de contratos por la Sala Constitucional del Tribunal Supremo de Justicia en una interpretación vinculante de los artículos 150 y 151 de la CRBV[55].

Esto, de alguna manera, disipa la discusión respecto de la naturaleza jurídica de las operaciones de refinanciamiento y reestructuración

---

54 Toro Jiménez, Fermín, *Manual de Derecho Internacional Público*, Caracas, 1982, pp. 481 y ss.

55 En la misma decisión citada, la Sala Constitucional se expuso: "*...existen otras operaciones de crédito público que sí son generadoras de contratos de interés público nacional, y por tanto, de obligatorio control previo por parte de la Asamblea Nacional, como es el caso de aquellas operaciones en las que se acuerde el préstamo de recursos, con el consecuente endeudamiento para la Nación, o se acuerde el refinanciamiento de la deuda pública externa, entre otras*".

y hace prescindible la determinación, caso por caso, de si un proceso en particular cumple con las condiciones, doctrinales y jurisprudenciales, para ser considerado como de interés público nacional. No obstante, esta circunstancia nos exige estudiar los requisitos y procedimientos que aplican a ese tipo de contratos, para poder iniciar procesos de reestructuración de deuda pública externa, que es el supuesto que nos ocupa.

Antes de finalizar este punto, resulta imprescindible para nuestro estudio destacar un polémico asunto que se vincula con la decisión de la Sala Constitucional del Tribunal Supremo de Justicia, en sentencia No. 2.241 del 3 de septiembre de 2000 (caso: *Anulación del artículo 809 de la LOAF*), por medio de la cual se excluyó de la calificación como *contratos de interés público nacional* a los convenios suscritos por PDVSA, al restringir esa noción a los contratos suscritos por entidades territoriales (República, Estados y Municipios). Con esa decisión, comentada ampliamente por la doctrina[56], se buscó expresamente que incluso los contratos de gran magnitud económica o esenciales en sus fines para la nación, no fuesen de interés público nacional y por ende no tuviesen que someterse al control parlamentario de autorización por parte de la Asamblea Nacional. Sin entrar en las posibles discusiones que esto planteó, esta sirve para comprender que se ha buscado excluir a la petrolera estatal del control parlamentario, debilitando el procedimiento de autorización que el constituyente buscó en Venezuela desde mediados del siglo XIX.

1.4. Procedimiento Interno para la Asunción de Deuda Pública Externa

Por cuanto toda operación de deuda pública constituye un crédito público, aludiremos de manera breve al procedimiento y requisitos

[56] En particular, Brewer-Carías señaló que no comparte este criterio, al indicar: "*De allí que, de acuerdo con la doctrina del Tribunal Supremo sobre el artículo 150 de la Constitución de 1999, un contrato suscrito, por ejemplo, por Petróleos de Venezuela (PDVSA) no podría considerarse como un contrato de interés público nacional, lo que no tiene sentido. Sin embargo, y sin duda, es un contrato público nacional suscrito por una entidad pública estatal, en particular, una empresa del Estado o persona jurídica de derecho privado estatal*". *Cfr.*: Brewer-Carías, Allan R., "Nuevas consideraciones sobre el régimen jurídico de los contratos del Estado en Venezuela" en *Revista de Derecho Administrativo*, No. 2, Caracas, 2006.

generales para las operaciones de deuda previstas en la LOAF que tienen esa calificación. En general, toda operación de esta naturaleza se inicia a través de un procedimiento administrativo que cumple con los siguientes pasos:

(i) *Ley Especial*: el principio general es que todas las operaciones de crédito público requieren autorización por vía de ley especial emitida por la Asamblea Nacional para tal fin, lo que se concreta por medio de la *Ley Especial de Endeudamiento*, que debe prever en su texto las operaciones de deuda pública interna y externa que puede realizar el Ejecutivo Nacional en cada ejercicio fiscal (art. 79). Sin embargo, como veremos, esto no aplicará a reestructuraciones o refinanciamientos que busquen *mejorar* las condiciones de deuda pública (art. 100)[57].

(ii) *Ministerio de Finanzas*: tomando como base legal esa autorización legislativa para endeudamiento, la *Oficina Nacional de Crédito Público*, en coordinación con el Viceministro de Gestión Financiera, solicitará formalmente al Ministro de Finanzas el inicio de un procedimiento interno para cada operación de deuda pública (art. 16, RLOAF No. 2).

(iii) *Ejecutivo Nacional*: la operación constará en una solicitud elevada por el Ministro de Finanzas para su aprobación por parte del Presidente de la República en Consejo de Ministros (art. 17, RLOAF No. 2).

(iv) *Banco Central de Venezuela (BCV)*: una vez aprobada la operación por el Ejecutivo Nacional, se precisa de la opinión técnica del BCV sobre "*el impacto monetario y las condiciones financieras de cada operación de crédito público*", la cual es obligatoria pero no vinculante e incluso se sujeta a silencio administrativo positivo en caso de no ser resuelta dentro del plazo legal (art. 96 LOAF, art. 18 RLOAF No. 2);

---

57 Se exceptúan del requisito de autorización por medio de Ley Especial que autoriza su celebración, siempre que las reestructuraciones o refinanciamientos procuren mejorar las condiciones de endeudamiento, reduzcan el tipo de interés pactado, extiendan el plazo de pago, conviertan la deuda externa en interna, reduzcan flujo de caja o permitan ahorrar en el costo del financiamiento (art. 100, LOAF). Y es que puede haber operaciones de refinanciamiento que no tengan esos objetivos y en ese caso ellas sí deberán ser autorizadas por medio de Ley Especial, según lo prevé el artículo 59 del Reglamento Nº 2 de la LOAF.

(v) *Intervención parlamentaria*: emitida la opinión del BCV -o aprobada tácitamente en ausencia de ésta- el Ministro de Finanzas remitirá dicha opinión, junto con un análisis técnico facultativo de la Oficina Nacional de Crédito Público a la *Comisión Permanente de Finanzas* de la Asamblea Nacional, que considerará la operación y la aprobará mediante un acto no legislativo -sometido a un procedimiento especial interno- que, de no producirse, implicará una aprobación tácita de la operación (Art. 18, RLOAF No. 2).

(vi) *Oficina Nacional de Crédito Público*: en representación del Ejecutivo Nacional concretará las operaciones de deuda pública (emisión de títulos valores de deuda pública nacional o celebración de cualesquiera otros contratos de financiamiento).

1.5. Actualidad de la Deuda Pública Externa Venezolana

1.5.1. Cuantía

La cuantía actual de la deuda pública externa obedece al incremento del gasto público entre 2003 y 2007, durante el gobierno de *Chávez,* el cual precisó de empréstitos para financiar una diversidad de proyectos sociales[58] que elevaron la deuda a US$ 113.000 millones para 2013[59].

Esa suma se incrementó por el default de 2024 derivado de la suspensión unilateral del servicio a cupón y principal de los bonos, así como por el incumplimiento en el pago de ejecuciones judiciales, laudos arbitrales, pasivos de PDVSA y otros compromisos internacionales que abultaron su cuantía. Actualmente se estima que la deuda pública externa de Venezuela ronda los US$ 175.000 millones[60].

---

[58] Pargas Mujica, Luis, "Análisis de la deuda pública venezolana durante el período 1999-2019", *Revista Alternativas de la Universidad Católica de Santiago de Guayaquil*, Vol. 20-1, Guayaquil, 2019.

[59] Vera, Leonardo, "La deuda pública externa que acabó con un país, salta una vez más al ruedo", *PolitikaUcab - Revista del Centro de Estudios Políticos*, Universidad Católica Andrés Bello, Caracas, 2020.

[60] Aunque de difícil determinación, para inicios de 2026 la suma se calcula entre US$ 150.000 y US$ 175.000 millones, cantidad consensuada, siendo su tope máximo estimado en US$ 200.000 millones.

1.5.2. Fuentes

La deuda pública externa venezolana actual tiene, al menos, las siguientes fuentes[61]:

(i) Deuda Financiera	• Bonos soberanos (República) • Bonos PDVSA (no garantizados, garantizados por acciones de Citgo, etc.) • Bonos Elecar, Sidetur, Corpoelec
(ii) Organismos multilaterales	• Banco Interamericano de Desarrollo (BID) • Corporación Andina de Fomento (CAF)
(iii) Acuerdos Internacionales Bilaterales	• Acuerdos del "Fondo Chino" • Financiamientos - Banco de Desarrollo de China[62] • Contratos oil-for-loan - Sociedad rusa Rosneft • Financiamientos - Banco Japonés de Cooperación Internacional
(iv) Fallos judiciales	• Sentencias en fase de ejecución • Laudos arbitrales en ejecución • Arbitrajes pendientes (CIADI y otros)
(v) Contractual & Reclamos	• Amplia gama de reclamos contra la República • Pasivos comerciales del Estado • Pasivos de PDVSA

61 Santos, Miguel, "Venezuela: Anatomía de un colapso y una hoja de ruta para la reconstrucción", presentación en el foro "La Venezuela que viene. Soluciones políticas y económicas", en la Universidad Andrés Bello, Chile, 2019. En junio de 2024 Italiani y Pettersson publicaron el documento "Refinancing Venezuela's Debt: Local Legal and Policy Issues" en *The Guide to Restructuring – 3rd Ed.*, LatinLawyer Insight, Junio, 2024, que contiene datos más recientes.

62 Destacan Weisbrot y Johnston: "*Since 2007, Venezuela has also borrowed from China under a set of arrangements that is somewhat complicated. Total borrowing has been $36 billion; according to the Ministry of Petroleum and Mining, $13.5 billion has been repaid. Of the remaining $22.5 billion, $20 billion has been borrowed under the Gran Volume program. These loans pay interest rates of LIBOR plus 1-2 percent, which is far below the rate on most other Venezuelan government borrowing. These interest payments would take up about 0.5 to 0.7 percent of public sector export earnings for 2012. Even with another $2 billion per year for amortization, this wouldn't add too much to Venezuela's debt service burden*". *Cfr.*: Weisbrot, Mark y Johnston, Jake, *Venezuela's Economic Recovery: Is it Sustainable?*, Center for Economic and Policy Research, Londres, 2012.

Aun cuando organismos de investigación han procurado documentar su cuantía exacta[63], es prudente sostener que todo análisis de la deuda pública externa venezolana enfrenta un problema común, cual es la falta de determinación clara del rango de pasivos asumidos por el país como deuda pública externa[64]. Esto conlleva a que nuestro estudio se base en aproximaciones que, incluso siendo conservadoras, arrojan cifras bastante elevadas.

1.5.3. Relación Deuda/PIB

Por lo general, la posibilidad de dar servicio a la deuda y pagar parcialmente su principal se basa, entre otros datos, en la relación entre deuda y producto interno bruto (relación deuda/PIB o *debt-to-GDP-ratio*), la cual, en el caso de Venezuela, alcanzó un *ratio* que superó 200%[65]. Este dato contrasta con otros países que tuvieron default en tiempos recientes o mantienen deudas importantes:

- *Grecia*: que entró en default en 2011, reflejó una relación deuda/PIB de 175%[66].
- *Argentina*: que para el default de 2019, arrojó una relación deuda/PIB de 102%[67].
- Colombia: que no ha estado en default, arrojó para 2024 una relación deuda/PIB de 44%, con una deuda pública externa casi igual a la de Venezuela[68].
- *México*: con una deuda externa de US$ 470.000 millones, mantuvo hasta 2025 un ratio deuda/PIB de 37%[69].

---

63 Como como el Observatorio de Gasto Público del Centro de Divulgación del Conocimiento Económico para la Libertad (CEDICE), Reportes sobre deuda externa, disponibles en: https://cedice.org.ve/ogp/deuda-externa/

64 A modo de ejemplo, expertos señalan que es posible que en el listado aquí contenido, incluso haya duplicidad del concepto, en el sentido en que una misma suma forme parte de dos reclamaciones en distintos foros.

65 Cabe resaltar que ese mismo *ratio* era de 49% en 2016 y se elevó a 186% en 2018. *Vid.*: *Banca y Negocios* (06/05/2019): https://www.bancaynegocios.com/torino-deuda-externa-venezolana-representa-186-del-pib/

66 Expansión - Datosmacro.com: Deuda Pública de Grecia 2011 (*datosmacro.expansion.com/deuda/Grecia*).

67 Expansión - Datosmacro.com: Deuda Pública Argentina 2022 (*datosmacro.expansion.com/deuda/Argentina*).

68 Calculado con información del Banco de la República de Colombia (*Boletín de Deuda Externa del 1° Semestre 2024*).

69 Secretaría de Hacienda y Crédito Público de México (*Boletín No. 53, Deuda pública a julio de 2024*).

Aunque países industrializados han presentado relaciones porcentuales elevadas respecto de su PIB[70], destacamos que lo determinante para afrontar el pago de la deuda es el PIB proyectado para cada nación en concreto dentro de una planificación económica a mediano plazo, aspecto complejo determinar en el caso de Venezuela en el mediano plazo.

1.5.4. Sanciones económicas

Desde el año 2015 el gobierno de los Estados Unidos de América, a través de la *Office of Foreign Assets Control* (OFAC) del Departamento del Tesoro[71], impuso una serie de sanciones económicas al gobierno venezolano, así como a PDVSA y sus filiales para restringir transacciones y operaciones comerciales con terceros. Estas limitaciones, que se ampliaron entre 20217 y 2020[72], secundadas por parte de la comunidad internacional[73], impidieron al Ejecutivo venezolano acceder a los mercados internacionales de capital, lo que a su vez imposibilitó la renegociación de obligaciones vencidas de los Bonos Soberanos y los instrumentos de deuda de PDVSA, emitidos bajo la legislación del Estado de Nueva York.

Hasta finales de 2025, la única vía jurídicamente viable para llevar a cabo cualquier transacción o negociación ha sido la obtención de una licencia específica y temporal por parte de la OFAC, procedimiento que ha

---

70 El Reino Unido presenta una relación de 95.6% en la deuda externa excluyendo bancos públicos (*UK Office for National Statistics, Data para noviembre de 2025*).

71 OFAC "*administers and enforces economic and trade sanctions based on US foreign policy and national security goals against targeted foreign countries and regimes, terrorists, international narcotics traffickers, those engaged in activities related to the proliferation of weapons of mass destruction, and other threats to the national security, foreign policy or economy of the United States*". *Vid.*: https://ofac.treasury.gov/

72 Seelke, Clare, "Venezuela: Overview of U.S. Sanctions Policy", *US Congressional Research Service*, 2020.

73 "*One last important point: at times it will prove very difficult to distinguish from the effect of sanctions and the more general increase in the reputational costs of doing business with the Venezuelan government, a process that I refer to as economic toxification. This is not surprising, because sanctions are in themselves part of that broader toxification process. That is, sanctions would likely never have been imposed had there not emerged a strong belief among groups influential in public opinion that the access of the Venezuelan government to resources should be limited*". *Cfr.*: Rodríguez, Francisco, *Sanctions, Economic Statecraft, and Venezuela's Crisis - Case Study*, Fourth Freedom Forum, 2022, p. 8.

ralentizado tanto las negociaciones como la ejecución de decisiones judiciales pendientes, situación que, no obstante, ha permitido a Venezuela conservar momentáneamente parte de su patrimonio de manera fortuita.

Aun cuando las sanciones de la OFAC se mantienen vigentes para la fecha de publicación de este estudio, para efectos metodológicos fundamentaremos la posibilidad de llevar a cabo una reestructuración de la deuda pública externa venezolana, en dos premisas: primero, que dicho proceso tendría que ser llevado a cabo necesariamente previo consenso internacional (en la medida en que cualquier iniciativa de esa naturaleza presupondría una negociación especial); y segundo, que en el supuesto de conseguirse tal consenso, las sanciones económicas serían levantadas de manera progresiva o bien, para efectos de una reestructuración, se obtendría una licencia general, por lo que no constituirían un impedimento eventual siempre que exista un acuerdo con la propia OFAC y los acreedores.

1.5.5. Default y acciones judiciales

Los datos arrojan que Venezuela siguió honrando parcialmente, entre 2005 y 2017, el servicio de la deuda, esto es, el pago de capital e intereses tanto de sus bonos como de otros compromisos. Sin embargo, entre 2017 y 2018 el país entro en un *default selectivo* al suspender el pago de la mayoría de sus obligaciones internacionales, pero continuar con el pago de los bonos, especialmente los Bonos PDVSA 2020 y otros créditos[74]. Ahora bien, para octubre de 2019, Venezuela entró en *default generalizado* con respecto a casi todas sus obligaciones[75] y, en particular, con las referidas a los pagos de intereses de todas las emisiones de bonos, soberanos y los PDVSA 2020 (estos últimos garantizados con el 50.1% de las acciones de *Citgo Holding* como colateral).

---

[74] Esa "*continuidad* [en pagos del servicio de la deuda] *ha cambiado durante el año 2018, al llegar a declararse una especie de default selectivo por primera vez en su historia, dentro de los mercados financieros internacionales. O planteado de otra forma, Venezuela ha optado por pagar su deuda muy selectivamente, mediante el pago de las emisiones de Bonos garantizados con las acciones de su empresa CITGO Holding Inc., a los fines de no perder ese activo tan importante por falta de pago en sus deudas*". Pargas Mujica, Luis, *Ob. Cit.*, p. 58.

[75] Calificación de *Standard & Poor's* de la deuda soberana de Venezuela a largo y corto plazo en moneda extranjera.

Esta suspensión de pagos trajo como consecuencia múltiples acciones judiciales de reclamación de pago con la intención de tomar control de esas acciones, en distintas jurisdicciones en el extranjero y, particularmente en la *District Court for the Southern District of New York* del Estado de Nueva York, en virtud de que todas las emisiones recientes de bonos (17 series de Bonos Soberanos con vencimientos desde 2018 a 2038 y al menos 13 series de Bonos PDVSA con vencimiento desde 2017 a 2037), se rigen según sus *prospectos* (*listing memorandums* u *offering circulars* de acuerdo con las series[76]) por la legislación del Estado de Nueva York[77].

Ante la posible prescripción de las acciones judiciales vinculadas a los bonos, que se rigen tanto por el ordenamiento jurídico venezolano, que prevé 10 años para el principal y 3 años para los intereses, según la LOAF; como por la ley del Estado de Nueva York, que establece un plazo de prescripción en el Estado de Nueva York de 6 años por incumplimientos contractuales, dentro de los cuales se incluiría el incumplimiento de pago de un bono por *default*[78], la República acordó, el 30 de marzo de 2023, la *suspensión de los plazos de prescripción de los Bonos soberanos y de PDVSA*, como medida de control para evitar la proliferación de acciones judiciales por el impago[79]. Un eventual embargo

---

76 El término *prospecto* se suele usar en la legislación de los Estados Unidos para referirse al documento de condiciones en mercados públicos y el término *memorándum* - también denominado *offering circular*- se usa para ofertas que deben ser aprobadas o registradas en la *US Securities and Exchange Commission* (SEC).

77 *Offering circular* emisión de Bonos Soberanos 2018 y siguientes.

78 En la legislación del Estado de Nueva York, los Bonos se rigen por el *Civil Practice Law & Rules* (*NY CPLR*), incluido lo relativo a los plazos de prescripción para exigir el cumplimiento pagos vencidos o en *default*. Esto de conformidad con el corolario "*to the extent permitted by applicable law*"de lo que disponen sus *offering circulars* y/o los *listing memorándums* sobre dichos plazos. La sección 213, artículo 2 (*Limitations of Time*), del *Civil Practice Law & Rules* (*NY CPLR*) prevé un plazo de prescripción en el Estado de Nueva York de seis (6) años por incumplimientos contractuales -dentro de los cuales se incluiría el incumplimiento de pago de un bono por *default*-. NY CPLR § 213 [2]: "*Actions to be commenced within six years: where not otherwise provided for; on contract; on sealed instrument; on bond or note, and mortgage upon real property; by state based on misappropriation of public property; based on mistake; by corporation against director, officer or stockholder; based on fraud*".

79 Con posterioridad, el 8 de agosto de 2023, la denominada Asamblea Nacional de 2016, anunció también la suspensión de los plazos de prescripción de los Bonos en términos idénticos a los planteados por la República y PDVSA. No obstante, el 11 de octubre de 2023, una parte de los tenedores de Bonos en conjunto con la Junta Directiva Ad Hoc de PDVSA nombrada por la Asamblea Nacional de 2016, elevaron una solicitud de pro-

de las acciones y activos de *Citgo* por el impago en bonos garantizados con sus acciones, producto de una situación que pasó de delicada a volátil (pues otro porcentaje de sus acciones forma parte de una garantía a favor de *Rosneft*)[80], sería un golpe a la economía nacional.

En todo caso, a la ya alta concurrencia de demandas en el extranjero iniciadas desde finales de 2019 por el *default*, que continúan a la fecha actual, sorteando la aplicación de legislación americana y venezolana[81], se suman acciones legales por incumplimiento de otros pasivos de deuda externa extracontractual no financiera (*v.gr.*: *laudos y sentencias*) que ya han sido declaradas a favor de los acreedores, lo que ha culminado en la pérdida virtual de Citgo, en vista de la subasta de acciones de la sociedad extranjera *PDV Holdings*, filial de PDVSA y titular de Citgo, ordenada por un juez del Estado de Delaware como consecuencia de la ejecución judicial de un cuantioso laudo de 2016[82].

Ahora bien, sobre este punto de acciones judiciales de los Bonos PDVSA 2020 y otros, hemos procurado hacer un ejercicio de concreción, pues: (i) por una parte, hay importantes trabajos de varios autores que comentan esto a detalle[83]; y (ii) por otra, destacamos que en este

---

nunciamiento por parte de la Corte Suprema del Estado de Nueva York, relacionada con la procedencia de los efectos de la suspensión de los plazos de prescripción de los Bonos, conforme al anuncio de suspensión de la Asamblea Nacional de 2016. Dicha solicitud versó principalmente sobre la efectividad de un acuerdo entre las partes (tenedores de Bonos y PDVSA, a través de su Junta Directiva Ad Hoc reconocida en los Estados Unidos) sobre la suspensión de los plazos de prescripción de los Bonos (*tolling agreement*).

80 Además de los bonos garantizados por el 50.1% de sus acciones, reiteramos que el 49.9% restante de sus acciones constituyen una garantía de un préstamo realizado a PDVSA por parte de la empresa petrolera estatal rusa *Rosneft*.

81 Decisión de la *US Court of Appeals for the Second Circuit* del 03.07.2024 en el Caso 20-3858, *PDVSA, et al. v. MUFG Union Bank, GLAS Americas*, por medio de la cual anuló con reenvío el *summary judgment* de la *District Court for Southern District of New York* (Jueza Polk Failla) y se ordenó a dicho tribunal a considerar la aplicación de la ley venezolana respecto de la validez de la emisión de los Bonos PDVSA 2020, asunto que sigue en la *District Court for Southern District of New York*. Esta decisión, esperada por los analistas y por los mismos acreedores, implicará el estudio de la legislación venezolana atinente a la legalidad de la emisión de los bonos, aspecto como hemos dicho, harto discutido.

82 Se trata de la ejecución del laudo arbitral obtenido por la sociedad minera canadiense *Crystallex International Corporation* en contra de la República en abril de 2016 (*CIADI No. ARB(AF)/11/2*), que ordenó a Venezuela el pago de US$ 1,202 millones más intereses por la expropiación sin compensación de una mina de oro. Según información reciente (08/01/2026), Venezuela inició acciones en diciembre ante el Juzgado del Tercer Circuito para anular una orden que autorizaba la venta de casi 6 mil millones de dólares de Citgo.

83 Al respecto, *Vid.*: Rengel Núñez, Pedro, "El sonado caso de los bonos Pdvsa 2020", en *Revista Venezolana de Derecho Mercantil*, Nro. 5, 2020, p.p. 35-58; y Hernández, José

trabajo queremos referirnos a aspectos *macro* o generales vinculados con la posibilidad de reestructurar la deuda de manera integral, excluyendo en este caso un examen concreto sobre la legitimidad de ciertas acreencias en juicio y todas las teorías jurídicas que las acompañan, todo bajo la idea que si efectivamente la nación pudiese iniciar este importante proceso, la República *deberá* incorporar al proceso a todos esos fallos judiciales y arbitrales, además de las deudas vencidas financieras provenientes de los bonos y los compromisos bilaterales adquiridos, realizando un proceso, en la medida de lo posible, *universal*.

En efecto, una ventaja que vemos de un proceso integral de reestructuración para todas las partes involucradas sería el saneamiento judicial de la multiplicidad de acciones pendientes en contra de Venezuela, pues tal proceso constituiría un polo atrayente cuya conveniencia, tanto para los acreedores como para el país, sería predecible si la reestructuración se realiza de manera idónea y sistematizada según los lineamientos que proponemos en este estudio.

II. LA REESTRUCTURACIÓN DE DEUDA PÚBLICA EXTERNA

2.1. Antecedentes

El incumplimiento de pagos (*default*) ha estado ligado al origen mismo de la deuda externa desde el inicio del comercio, pero es con el auge mercantil de las potencias imperiales que incumplimientos importantes en deudas soberanas de los reinos de Francia, España y Portugal, a mediados del siglo XVI, y de Prusia, en el Siglo XVII[84], generaron procesos importantes de reestructuración de deuda, definidos primitivamente como cambios en las condiciones de pago del servicio de la deuda (en rigor serían hoy considerados como refinanciamientos)[85]. Como hemos visto, las reestructuraciones en nuestro caso se iniciaron

Ignacio, "A propósito del caso de los bonos PDVSA 2020 y la interaplicación del derecho mercantil y constitucional", en *Revista Venezolana de Derecho Mercantil*, Nro. 6, 2021, p.p. 105-133.

84 *Vid.*: Reinhart, Carmen; Rogoff, Kenneth; Savastano, Miguel, "Debt Intolerance" en *Brookings Papers on Economic Activity*, Vol. 1, 1-74, 2003.

85 *Vid.*: Kotze, Antonie, "Debt, Defaults and Crises: A Historical Perspective" (working paper), *Financial Chaos Theory Pty. Ltd.*, 2015.

todavía dentro de la Gran Colombia (1822 y 1824). Como nación soberana, Venezuela se vio forzada a realizar al menos diez procesos de reestructuración y/o refinanciamientos de su deuda externa, desde Páez (1840) hasta Castro (1903). Sin embargo, nos importa aquí detallar dos procesos particulares relativamente recientes.

2.1.1. Venezuela: reestructuración de 1985

Como ya expusimos, durante el primer año del gobierno de Lusinchi (1985), Venezuela se vio obligada a realizar un proceso de reestructuración con motivo de la renuencia de bancos acreedores extranjeros de someterse a refinanciamientos contractuales negociados con el país, sin la presencia del FMI. Ello conllevó a que se iniciara un proceso coordinado con ese organismo multilateral que impuso al gobierno medidas de austeridad importantes.

Aunque el gobierno no adoptó todas las medidas sugeridas por el FMI, sí presentó un plan de reducción del gasto público que, sumado a la devaluación del Bolívar, se consideró suficiente para elevar la confianza financiera respecto de sus acreedores[86]. Con esto se logró un acuerdo de reestructuración sin precedentes en América Latina, que fue celebrado por los Estados Unidos como un logro de estabilización macroeconómica en la región[87]. Pero, en vista de que necesitó acordar diferimientos de pagos de capital, su ejecución se extendió hasta 1987, culminando con el decreto presidencial que instrumentó finalmente la *conversión de la deuda* reestructurada[88].

---

86 Looney, Robert, "Venezuela's Economic Crisis: Origins and Successes in Stabilization", *Journal of Social, Political and Economic Studies*, Council for Social and Economic Studies, 1986, p.p. 327-337.

87 McCoy, Jennifer, "The Politics of Adjustment: Labor and the Venezuelan Debt Crisis", *Journal of Interamerican Studies and World Affairs*, V. 28-4, Cambridge University Press, 1987, p. 103.

88 "*Venezuela concluyó el proceso de negociación con la banca acreedora en mayo de 1985. Los contratos (trece en total), suscritos a comienzos del año siguiente, contemplaron la reestructuración de la deuda de la República (la directa y la asumida de 37 entes públicos), de las empresas y entes descentralizados firmantes de los acuerdos, con garantía de la primera. El monto de estas operaciones alcanzó a USD 20,8 millardos, correspondiente a los vencimientos entre 1983 y 1988, con plazo de amortización de doce años y seis meses, sin período de gracia. La amortización de la deuda comenzaba con un pago inicial de USD 750 millones (Down Payment), que fue cubierto en cerca de 90% en 1986*".

2.1.2. Plan de Financiamiento de 1990

El segundo proceso de reestructuración fue de mayor complejidad y alcance. Se inició al cierre del primer proceso, durante el segundo gobierno de Carlos Andrés Pérez (1989-1990), como parte del Plan Brady. Con este proceso, Venezuela refinanció US$ 19.758 millones por medio de la emisión de bonos soberanos con nuevas condiciones y mejores garantías, que le permitieron reducir un monto importante de la deuda y aliviar temporalmente su servicio, a la par de dotar de flexibilidad a los nuevos títulos para el mercado internacional[89].

2.2. La Reestructuración en el Derecho Comparado

Como sostiene Walker, son pocos y excepcionales los países que carecen de deuda pública externa, pues la mayoría de las naciones recurren al financiamiento internacional para cubrir una porción importante de su gasto público[90], lo que explica que la deuda soberana haya sido reconocida por la Organización de las Naciones Unidas como un problema de impacto *global*[91].

La universalidad de la deuda externa apareja multiplicidad de procesos de reestructuración cuya incidencia en el plano internacional es hoy tan frecuente que actores relevantes del Banco Mundial y el FMI -como Krueger- han insistido durante años en la necesidad de diseñar un sistema jurídico internacional que brinde un marco adecuado especialmente a esos procesos, no solo en beneficio de los acreedores, sino también para en resguardo y protección de las economías vulnerables[92].

Cfr.: Hernández Delfino, Carlos, "El plan Baker para la deuda: bosquejo para una evaluación", *Prodavinci*, Caracas, 2021.

89 Sobre el tema en general, *Vid.*: Hernández Delfino, Carlos, "Venezuela y la iniciativa Brady", *Prodavinci*, Caracas, 2021.

90 Walker, Mark, "*Thoughts on the Possible Restructuring of Venezuelan Debt*" (*interview*), LEC Abogados, Caracas, 2023.

91 Según datos de la *Conferencia de las Naciones Unidas sobre Comercio y Desarrollo (UNCTAD)*, la deuda pública mundial alcanzó un máximo histórico de 97 trillones de dólares en 2023 y, aunque la deuda pública de los países en desarrollo representó menos de un tercio del total, desde 2010 ha crecido dos veces más rápido que en las economías desarrolladas. Vid.: https://unctad.org/publication/world-of-debt

92 Krueger, Anne, *A New Approach To Sovereign Debt Restructuring*, Fondo Monetario Internacional, Washington, 2002.

Ante la falta de un proceso regulado y consensuado internacionalmente, cada reestructuración se sujeta a los mecanismos legales nacionales (*domestic legislation*) por tratarse, naturalmente, de actos o procesos regulados por el derecho público interno y, más concretamente, por el derecho administrativo local; pero, adicionalmente, suele requerir la aplicación de derecho extranjero -a menudo norteamericano- pues gran parte de los contratos y, especialmente, de los títulos (bonos), se emiten en el mercado internacional.

En cualquier caso, las reestructuraciones de deuda soberana han sido práctica común en las economías en desarrollo, destacando los casos de América Latina -notoriamente Argentina-, de ciertos países europeos -Grecia, Rusia- y de economías más vulnerables presentes en Medio Oriente o en el continente africano. Analizamos en orden cronológico los siguientes casos:

2.2.1. Argentina (2001)

Un proceso que merece atención fue el realizado por *Argentina* (2001-2002) país que, luego de haber enfrentado múltiples crisis económicas a partir de 1989, incurrió en un histórico *default* masivo de su deuda soberana en 2001, que desencadenó una crisis política y económica (protestas populares, renuncia del presidente *De la Rúa*) que se prolongó por varios años con importantes consecuencias.

La deuda externa argentina, compuesta por una diversidad de bonos denominados en distintas monedas, se hizo insostenible, por lo que el gobierno inició un refinanciamiento denominado el "*megacanje*" que, sin embargo, no contuvo la crisis y derivó en un default que ameritó una reestructuración que se llevó a cabo entre 2001 y 2005, con la participación de tenedores de bonos locales y, en otra fase, acreedores internacionales. El proceso implicó una quita (*haircut*) nominal de hasta el 66% de la deuda y para 2005, el gobierno ya había podido reestructurar alrededor del 75% de su deuda (ofreciendo bonos nuevos con pérdidas). El proceso, que contó con la participación, al menos inicial, del FMI -organismo que a pesar de haber cesado los programas de financiamiento luego de la crisis continuó asesorando en la reestructuración- no pudo aliviar toda la carga de la deuda externa, lo que se evidenció con el nuevo default y reestructuración entre 2018 y 2020.

2.2.2. Uruguay (2003)

Mencionamos brevemente, como ejemplo de reestructuración exitosa y relativamente sostenible, el caso de *Uruguay* que, producto de la crisis de la región en 2001-2002, en donde se optó por una reestructuración preventiva ante la posibilidad de *default*, que implicó el "canje voluntario" para extender plazos de vencimiento sin reducir el valor nominal de los bonos, lo cual permitió un proceso ordenado que contó con la participación voluntaria de al menos 90% de los acreedores, evitando importantes litigios internacionales.

2.2.3. Irak (2003)

El caso la reestructuración de *Irak*, llevada a cabo entre 2003 y 2006, merece atención por la relativa similitud que pudiese tener con el caso de Venezuela y por una circunstancia particular en su ejecución en cuanto a las quitas o *haircuts*. En primer lugar, porque en su momento fue considerada una de las reestructuraciones más complejas y extensas de la historia moderna, lo que motivó que el Consejo de Seguridad de las Naciones Unidas y el gobierno de los Estados Unidos dictaran medidas para proteger los activos de ese país de acreedores internacionales, aspectos que guardan cierta analogía con el caso venezolano que, además de inédito, ha sido motivo inicial de medidas para salvaguardar activos en contra de acreedores antes del inicio de una reestructuración, como se desprende la orden ejecutiva de la presidencia del 09 de enero de 2026[93]. En segundo lugar, destacamos este ejemplo pues en el caso de Irak se plantearon quitas (*haircuts*) nominales de hasta el 80% para ciertos pasivos (previo acuerdo con el *Club de Paris*), siendo el ejemplo de reducción de deuda más elevado en las reestructuraciones de tiempos recientes (solo comparable con las quitas del 66% llevadas a cabo en la reestructuración argentina)[94].

---

93 Safeguarding Venezuelan Oil Revenue for the Good of the American and Venezuelan People. *Vid.*: https://www.whitehouse.gov/presidential-actions/2026/01/safeguarding-venezuelan-oil-revenue-for-the-good-of-the-american-and-venezuelan-people/

94 Hinrichsen, Simon, "The Iraq sovereign debt restructuring", en *Capital Markets Law Journal*, Vol. 16 (1), enero de 2021.

2.2.4. Grecia (2009)

Por su magnitud y por el impacto que tuvo en la Unión Europea y en el mundo financiero, conviene hacer referencia al caso de *Grecia* (2009-2012), cuyo proceso de reestructuración fue considerado como el más importante en tiempos recientes, por su complejidad, extensión y por haber contado con la participación de la Comisión Europea, el FMI y otros organismos multilaterales, así como con opiniones de los economistas más eminentes a nivel mundial -como KRUGMAN o STIGLITZ- quienes disertaron ampliamente sobre el tema en diversos artículos y foros y cuestionaron no solo fallos locales o institucionales europeos que motivaron la crisis financiera, sino hasta la adopción misma del euro por parte de economías como la griega[95].

A manera de muy breve resumen histórico, la crisis de deuda externa griega tuvo sus orígenes económicos a partir del año 2000, pero fue en 2009 cuando estalló como consecuencia del reconocimiento del gobierno de su déficit fiscal era mucho mayor de lo que originalmente se había informado a los organismos internacionales, los acreedores y la comunidad internacional en general[96], lo que suscitó alarma en los mercados financieros internacionales y obligó a la Unión Europea, conjuntamente con el FMI, a llevar a cabo una operación de *rescate financiero*, que aparejó la imposición de severas medidas de austeridad[97].

Lo relevante, a efectos de nuestro estudio, es que a partir de 2010 -y por varios años posteriores- Grecia fue sujeto de sucesivos rescates financieros (públicos y privados) y se vio forzada a llevar a cabo

95 Karanasos, Menelaos, Koutroumpis, Panagiotis, Hatgioannides, John, *et al.*, "The Greek Dra(ch)ma: 5 Years of Austerity. The Three Economists' View and a Comment", *Papers on Greece and Southeast Europe*, No. 113, Hellenic Observatory del London School of Economics, Londres, 2017.

96 Destacan los autores citados que: "*During the period 2000-2008 there was an influx of cheap loans and large amounts of capital that created the boom. The Greek government for many years borrowed and spent beyond the country's capabilities*". Sostienen, luego, que "*...as a result of the financial crisis, debt to GDP ratios started to increase (Greece's debt was 117% of its GDP). When the boom turned into a bust, there was a massive outflow of liquidity when investors massively sold Greek government bonds pushing interest rates to unsustainably high levels. Due to a poorly designed euro, money during the crisis flew from the weak country's (that is Greece) banks to the strong, leading to divergence...*". *Idem.*, p. 5.

97 Buchheit, Lee, y Gulati, Mitu, "How to Restructure Greek Debt", *Ob. Cit.*

diversos procesos de refinanciamiento, siendo significativo el proceso de reestructuración realizado en 2012, cuando se implementó un *corte* de aproximadamente 100 mil millones de euros en deuda privada, que permitió reducir la carga sobre el país y estabilizar su economía, pero el cual trajo importantes consecuencias no solo económicas, sino políticas sobre el país[98]. A pesar de que los sucesivos procesos fueron considerados como fracasos en varias instancias, la economía griega eventualmente recuperó la estabilidad, sin perjuicio de ser todavía muy vulnerable debido a una suma de causas estructurales y de manejo político ineficiente. De la experiencia griega, sin embargo, podemos extraer dos enseñanzas importantes:

(i) Que la reestructuración requirió una condonación de deuda de tenedores de bonos, una oferta flexible por parte del gobierno (canjes con mejoras crediticias y pagarés emitidos por el Fondo Europeo de Estabilidad Financiera) y la activación de *collective action clauses* (CACs) que forzaron a los acreedores a formar parte del proceso para darle eficacia; y

(ii) Que en ese caso hubo una importante participación del FMI, asistido por la *Comisión Europea* y el *Banco Central Europeo*[99], que contribuyeron al rescate financiero y a la creación del *Fondo de Estabilidad Financiera* que permitió a partir de 2012 la recuperación paulatina de la economía griega, sujeta a la implementación de cambios en su política fiscal[100].

2.2.5. Otros casos

Adicionalmente, notamos que las reestructuraciones de deuda en *Jamaica, Rusia, Ecuador, Pakistán* y *Costa de Marfil* destacan la importancia de la cooperación con organismos multilaterales y la implementación de reformas estructurales para lograr una estabilidad económica sostenible. Jamaica y Pakistán demostraron que un enfoque colaborativo y la supervisión internacional pueden facilitar reestructuraciones

---

98 Katsikas, Dimitris, "La crisis económica griega del 2012" en *Anuario Internacional CIDOB 2013*, p. 197 y ss.

99 Grupo de instituciones que participaron de manera conjunta en los rescates financieros de las crisis europeas y al que Mario Monti, ex primer ministro de Italia, y otros, denominaron peyorativamente como la *Troika*.

100 Carrasquero, Andrés; Escovar, Ramón; Campos, Mariana; y Freitas, Víctor, *Ob. Cit.*

sin quitas significativas, mientras que Ecuador mostró que una renegociación unilateral puede ser efectiva a corto plazo, pero potencialmente dañina para la reputación a largo plazo. Por otro lado, la recuperación económica robusta, como la de Rusia impulsada por el sector petrolero, también fue clave para restaurar la confianza en los mercados.

2.3. Marco Teórico de la Reestructuración

2.3.1. Conceptualización de Reestructuración y Refinanciamiento

Ambos términos se refieren a la reorganización de pasivos, pero aunque no hay una definición universalmente aceptada, destacamos que suelen tener acepciones distintas, sobre todo en lo que respecta a su alcance y su uso en el derecho público y derecho internacional. Procuraremos aquí hacer una definición consensuada:

a) **Refinanciamiento:** en el ámbito privado y comercial, el término *refinanciamiento* suele ser usado para hacer referencia a la modificación de condiciones financieras a través de acuerdos que generan una nueva deuda[101].

b) **Reestructuración:** más que una operación, suele referirse propiamente a un *proceso* que implica la renegociación de términos de la deuda existente para restaurar la capacidad de pago y asegurar la sostenibilidad económica, tanto del pago como del deudor[102]. Abarca mecanismos complejos que van más allá de la estricta modificación de condiciones financieras (como sería el refinanciamiento) y suele incluir una amplia gama de operaciones que frecuentemente implican uno o más refinanciamientos[103], además de otros mecanismos

101 "*Refinancing existing debt seems to be one of the most important, if not the first, reason to issue new debt*". *Cfr.*: Forte, Santiago, y Peña, Juan, "Debt refinancing and credit risk" en *Spanish Review of Financial Economics*, Vol. 9-1, 2011.

102 Sachs, Jeffrey, *The End of Poverty: Economic Possibilities for Our Time*, Penguin, Nueva York, 2005.

103 "*Macro policies are an essential feature as they bound the feasible timing of debt restructuring and guide key judgments on individual firm viability. For example, reduction in interest rates can spur refinancing, which can provide debt servicing relief...*". *Cfr.*: Laryea, Thomas, *Approaches to Corporate Debt Restructuring in the Wake of Financial Crises*, IMF Staff Position Note, Fondo Monetario Internacional, Washington, 2010.

simultáneos[104]. Las reestructuraciones soberanas suelen comprender *refinanciamientos*, por medio de reprogramaciones de deuda con alargamiento de vencimientos y nuevas tasas de interés reducidas; pero además, reducciones del valor nominal de instrumentos existentes; así como recompras de deuda (intercambio de instrumentos de deuda en circulación por efectivo con descuento), todo por medio de procesos legales y uno o más contratos de nueva deuda soberana[105]. Además de su amplitud, la doctrina reconoce que, en el contexto de las deudas soberanas, la reestructuración persigue objetivos más amplios, no solo orientados a aliviar el servicio de la deuda, sino también a garantizar la continuidad operativa[106] y algún grado de *sostenibilidad económica* a largo plazo[107].

Al margen de las precisiones terminológicas -pues como vimos, toda reestructuración implicará un refinanciamiento- ambos mecanismos, que pueden variar en su complejidad, han sido parte integral de la deuda pública soberana desde sus inicios, como se evidencia en los casos históricos que hemos discutido.

---

104 Humes señala al respecto que: "*In addition to modifying contractual payment terms, there is, depending on the profile of the debtor country, often substantial scope for the utilization of additional tools such as debt/equity swaps, as well as other equity-like or contingent payment instruments including GDP- or commodity-linked warrants and Value Recovery Instruments*". *Vid.*: Humes, Hans, "*Thoughts on the Possible Restructuring of Venezuelan Debt*", entrevista publicada en LEC Abogados, Caracas, 2023, disponible en: https://www.lec.com.ve/en/home/#blog

105 "*While there is no universally accepted definition, a sovereign debt restructuring can be defined as an exchange of outstanding sovereign debt instruments, such as loans or bonds, for new debt instruments or cash through a legal process. Sovereign debt, here, refers to debt issued or guaranteed by the government of a sovereign state. [...] One can generally distinguish two main elements in a debt restructuring: Debt rescheduling, which can be defined as a lengthening of maturities of the old debt, possibly involving lower interest rates. Debt reschedulings imply debt relief, as they shift contractual payments into the future; and Debt reduction, which can be defined as a reduction in the face (nominal) value of the old instruments (e.g., from US$ 100 to US$ 80)*". *Cfr.*: Das, Udaibir, Papaioannou, Michael G., y Trebesch, Christoph, *Sovereign Debt Restructurings 1950–2010: Concepts, Literature Survey, and Stylized Facts*, IMF Working, Fondo Monetario Internacional.

106 Fondo Monetario Internacional, *World Economic Outlook*, 2020.

107 Ocampo, José Antonio, "The Urgency of Sovereign-Debt Restructuring" en *Project Syndicate*, Abril, 2024.

2.3.2. Tratamiento en Venezuela

En el caso específico de Venezuela, ambos términos han sido utilizados de manera casi análoga (quizá porque los procesos han sido más similares a refinanciamientos de deuda existente que han derivado de consolidaciones previas); sin embargo, en rigor, *la reestructuración alude a procesos más amplios y complejos que incluyen diversas operaciones de modificación financiera*, lo que sugiere que su enfoque será más integral y abordará múltiples dimensiones vinculadas con la sostenibilidad del problema de la deuda soberana[108], razón por la cual la terminología común en el ámbito internacional alude, en lugar de al refinanciamiento, a la ***reestructuración de deuda soberana***[109].

Notamos que en los procesos, ambos de reestructuración, realizados por la República en 1985 y 1990, se usaron los dos términos sin mayor diferenciación: así, por una parte, la ley especial que autorizó el primer proceso, se refirió expresamente al *Programa General de Refinanciamiento* de deuda que vencía en 1983-84[110], pero los acuerdos celebrados con los acreedores fueron denominados *Convenios de Reestructuración*[111]; por otra, observamos que la ley especial que inició el proceso en 1990 hizo referencia de nuevo a operaciones destinadas a *refinanciar deuda pública externa*[112], pero el Decreto N° 1.261 contentivo del denominado "Plan Financiero", aludió a las obligaciones "*reestructuradas o reestructurables*" de deuda externa que fueron asumidas por la República con la conversión de deuda en bonos[113]. Visto en retrospectiva, fueron auténticos procesos de *reestructuración soberana*

---

108 Para Stiglitz "*la reestructuración de una deuda soberana se lleva a cabo con la meta última de restaurar la sostenibilidad de la deuda pública con alta probabilidad*". *Cfr.*: Guzmán, Martín y Stiglitz, Joseph, *Un mecanismo de «derecho blando» para la reestructuración de la deuda soberana. Basado en los Principios de la ONU*, Friedrich Ebert Stiftung, Nueva York, 2016.

109 Así es usado en todos los documentos de las organizaciones internacionales y de organismos multilaterales, como se desprende del capítulo de *Sovereign Debt Restructuring* de las Naciones Unidas (ONU).

110 Gaceta Oficial N° 3.253 del 14 de septiembre de 1983, reformada parcialmente por la Gaceta N° 3.471 Extraordinario del 6 de agosto de 1984.

111 Como fue el caso del convenio suscrito con el *Chase Manhattan* que reguló los términos de pago del "*Convenio de Facilidad de Represtamo*" en ese proceso.

112 Gaceta Oficial N° 34.558 del 21 de septiembre de 1990.

113 Gaceta Oficial N° 34.598 del 20 de noviembre de 1990.

que implicaron desde luego refinanciamientos, pero también hicieron uso de otros mecanismos financieros más amplios, por lo cual la terminología normativa fue usada de manera análoga y acaso ambigua.

2.3.3. Reestructuración en el Régimen de Administración Financiera del Sector Público

Aunque pareciera que la conceptualización de ambas nociones buscó ser aclarada a través de la *Ley Orgánica de la Administración Financiera del Sector Público* ("LOAF") del año 2000, reformada sucesivamente hasta 2016, lo cierto es que el legislador no hizo mayor distinción técnica, pues se limitó a indicar que ambos procesos, que constituyen operaciones de crédito público, comprenderían la consolidación, unificación, conversión y "*cualquier otra forma*" de refinanciamiento o reestructuración de deuda (art. 80, núm. 5). Con posterioridad, la Administración buscó ser más precisa en el Reglamento No. 2 de la LOAF (o "RLOAF No. 2")[114] que desarrolló el *Sistema de Crédito Público*, al precisar estas nociones.

De conformidad con ese marco normativo, la ***reestructuración*** será una operación de crédito público de la República (y/o los demás entes facultados por la LOAF) por medio de la cual se *suscriben acuerdos* con sus acreedores financieros para extinguir una deuda existente (incluyendo intereses) y contratar simultáneamente nueva deuda (art. 3, núm. 33); y el ***refinanciamiento*** será un *conjunto de operaciones* de crédito público de la República (y/o los demás entes facultados por la LOAF) mediante las cuales se emite *nueva* deuda pública para pagar, canjear, cancelar, rescatar, o recomprar deuda pública preexistente (art. art. 3, núm. 34).

Según el reglamentista -es decir, la Administración- se emitirá *nueva deuda* en ambos casos: en la reestructuración por vía de novación directa (o contratos simultáneos de extinción y asunción de obligación) y, en el caso del refinanciamiento, por vía de modificación de la naturaleza del instrumento de deuda original. Sin embargo, destacamos que estas definiciones normativas resultaron imprecisas y aparentemente terminaron confundiendo ambos términos -al menos desde el punto de

[114] Gaceta Oficial N° 38.117 del 28 de enero de 2005.

vista doctrinario internacional, en donde la reestructuración es el proceso y el refinanciamiento es una modalidad- aspecto que aunque llama la atención, no afecta la efectividad de esos mecanismos.

En efecto, podría incluso sostenerse que ese rigor terminológico, en el caso de Venezuela, pierde algo de importancia desde que el mismo reglamento determinó que tanto la reestructuración como el refinanciamiento se llevan a cabo por medio de un amplio abanico de operaciones, que son propiamente los mecanismos prácticos de modificación de la deuda:

(i) La consolidación (art. 3, núm. 8);
(ii) La unificación (art. 3, núm. 39);
(iii) La conversión (art. 3, núm. 11);
(iv) El rescate (art. 3, núm. 37);
(v) El canje (art. 3, núm. 4); y
(vi) La recompra (art. 3, núm. 32).

2.4. Naturaleza Jurídica de la Reestructuración

2.4.1. Operación de Crédito Público

Aunque *stricto sensu* no todas las operaciones que anteceden, contempladas por el legislador en la LOAF, implican la asunción de nuevas deudas desde el punto de vista técnico (ya que no todas constituyen nuevas erogaciones eventuales de dinero)[115], todas son parte de procesos de reestructuración y/o de refinanciamiento, y como tales con consideradas operaciones de crédito público. En efecto, la LOAF expresamente previó como operaciones *de crédito público* las operaciones de *refinanciamiento o reestructuración* (consolidación, conversión, unificación o cualquier otra forma) (art. 77), por lo que se someterán a las disposiciones legales de la LOAF y a las contenidas en su Reglamento No. 2, así como a otras normativas especiales aplicables.

[115] Sin embargo, lo cierto es que en todas ellas, de manera directa o por medio de un agente financiero designado, se suscribirá o se adquirirá una nueva obligación que involucrará a las preexistentes y que podrá novar las condiciones financieras o extinguirlas, pero implicará necesariamente nuevas obligaciones (y nuevas operaciones de crédito público) bajo nuevas condiciones que son entendidas por el legislador como nuevas fuentes de deuda pública futura, y de allí que se sometan a esa aprobación legislativa.

2.4.2. Contrato de Interés Público Nacional

Adicionalmente, en el supuesto en que las operaciones de *refinanciamiento o reestructuración* versen sobre *deuda externa* del sector público (es decir, deuda con entidades extranjeras), por interpretación jurisprudencial vinculante de la Sala Constitucional del Tribunal Supremo de Justicia, esa operación será considerada como un *contrato de interés público nacional*[116] y esto traerá como consecuencia la imposición jurisprudencial de algunos requisitos adicionales a los previstos en la LOAF.

Si bien es cierto que otras operaciones distintas a la reestructuración también pueden ser de interés público nacional en atención a su magnitud e importancia -aspecto que necesitará el examen del cumplimiento de las condiciones jurisprudenciales para esa calificación-, a los efectos de este estudio nos limitaremos a referirnos en este punto, a los procesos de *reestructuración de deuda pública externa*, pues éste es el objetivo de nuestro análisis. Así, para ese proceso en concreto, no se requerirá como en los demás supuestos de la LOAF, la previsión en ley especial de endeudamiento, pero esa excepción solo aplicará, como apuntamos anteriormente, cuando el proceso o la operación *procure mejorar las condiciones de endeudamiento previo* (*v.gr.*: reduzcan el tipo de interés pactado, extiendan el plazo de pago, conviertan la deuda externa en interna, reduzcan flujo de caja o permitan ahorrar en el costo del financiamiento) (art. 100).

Pareciera que esa condición se cumple en la generalidad de los casos, pues va de suyo en la naturaleza inicial de toda reestructuración mejorar las condiciones del deudor, aunque dejamos abierta la posibilidad contemplada por el legislador, de la modificación de condiciones que podrían ser para nosotros una "mejora", pero que no estén comprendidas en ese listado de la LOAF (o bien de operaciones que no tengan esos objetivos concretos), en cuyo caso sí deberá preverse la reestructuración en la ley de endeudamiento, presumiblemente porque se incurrirá en nuevas deudas *per se*.

---

116 Jurisprudencia vinculante de la Sala Constitucional del Tribunal Supremo de Justicia en caso *Andrés Velásquez, Elías Mata y otros*.

2.5. Procedimiento Interno aplicable a la Reestructuración

Superado este asunto originario de todo proceso de reestructuración, el principal requisito adicional que se impone en virtud de la naturaleza de interés público nacional para deuda externa, será la *autorización* por vía de *Acuerdo Parlamentario*, de la Asamblea Nacional cuando así lo disponga la Ley: así lo determinó la Sala Constitucional del Tribunal Supremo de Justicia en sentencia del 13 de junio de 2001 (Caso: *William Lara*), en interpretación de los artículos 150, 154 y 198.9 de la Constitución, referentes a los contratos de interés público nacional con motivo de los convenios de cooperación con Cuba, en la cual se afirmó el carácter restrictivo de la interpretación del control parlamentario sobre la actividad de contratación de la Administración Pública[117].

De ese modo, esta intervención parlamentaria, cuando lo determine la Ley, se realizaría luego de la consideración de la operación por parte de la *Comisión Permanente de Finanzas*, condición que, en nuestra opinión, deberá ser aplicada incluso para procesos previamente aprobados por ser también de interés público nacional[118]. Las reestructuraciones autorizadas por la Asamblea Nacional deberán ser remitidas a la Procuraduría General de la República para su opinión no vinculante sobre la procedencia de la operación, esto en virtud de los intereses nacionales comprometidos en el proceso y bajo la noción de que ese órgano preserva los intereses judiciales de la nación (Art. 11, Ley Orgánica de la Procuraduría General de la República).

---

117 En general, el control legislativo ejercido por la Asamblea Nacional debe ser interpretado *restrictivamente* y no puede incidir en el desarrollo de la actividad administrativa ni constituir una traba para su actividad, en virtud del *principio de separación de poderes* (Art. 136, Const.) que establece que cada una de las ramas del Poder Público tiene sus funciones propias, pero tienen el deber de colaborar entre ellas para la realización de los fines del Estado. Adicionalmente, en el caso concreto, dicho control será interpretado de manera restrictiva por cuanto éste constituye una *limitación a la libertad contractual de la Administración.*

118 En el caso de los contratos de operaciones de crédito público ya autorizados por *Ley Especial de Endeudamiento Anual* que no han sido totalmente desembolsados, se entiende que éstos no requieren de autorización adicional por parte de la Asamblea Nacional para el desembolso de los años subsiguientes, por cuanto esas operaciones de endeudamiento ya fueron controladas y contempladas en la Ley respectiva. Sin embargo, al igual que en el caso anterior, aun cuando no requieren de autorización por medio de Ley, si dichos contratos forman parte de un contrato de refinanciamiento o reestructuración *de deuda pública con entidades extranjeras*, ellos deben ser autorizados por la Asamblea Nacional, conforme a los términos antes señalados.

De ese modo, a manera de resumen, recapitulamos que toda reestructuración de deuda pública externa deberá seguir *forzosamente* los siguientes pasos:

(i) Previsión en ley de endeudamiento si no busca mejorar las condiciones existentes o tiene otra finalidad;
(ii) Solicitud de la Oficina Nacional de Crédito Público y el Viceministro de Gestión Financiera, al Ministro de Finanzas para el inicio del procedimiento;
(iii) Aprobación Presidencial en Consejo de Ministros;
(iv) Solicitud -más no aprobación- de opinión técnica del BCV;
(v) Consideración -más no aprobación- de la Comisión Permanente de Finanzas de la Asamblea Nacional; y
(vi) Autorización de la Asamblea Nacional por medio *de acuerdo parlamentario* cuando venga determinado por ley.

El cumplimiento de este procedimiento complejo es relevante para determinar la validez de las operaciones de deuda pública externa asumida por la República o las empresas del Estado, bien como operaciones autónomas de endeudamiento o producto de refinanciamientos o reestructuraciones, aspecto que resulta de vital importancia para el caso de los Bonos PDVSA 2020.

II. POSIBILIDAD DE REESTRUCTURAR LA DEUDA PÚBLICA EXTERNA VENEZOLANA

El análisis precedente resulta indispensable para comprender la complejidad de la deuda pública externa venezolana, la diversidad de problemas internacionales que la agravaron, la posibilidad de que la deuda incluya pasivos y compromisos inesperados que puedan incrementar su cuantía o la naturaleza de los acreedores[119] y las condiciones

[119] A modo de ejemplo, desde mediados de 2024 se han sumado nuevas demandas en contra de *PDV Holding Inc.*: en Texas, Siemens Energy introdujo una demanda en abril, en agosto se ordenó la subasta de las acciones de esa sociedad por un juez de Delaware, en octubre se adjudicó parte a un fondo y se ordenó un *delay* por la aparición de nuevos acreedores. Se puede esperar que el futuro, en el corto plazo, sea igual o más complejo, por la presión de los acreedores y la inevitabilidad de poder ralentizar las acciones ya en curso o en fase de ejecución.

que teóricamente limitarían su reestructuración. No obstante, insistimos, para evitar la obsolescencia de este estudio, partiremos de la base de que la reestructuración de la deuda puede ser posible de manera condicionada. Esa posibilidad, sin embargo, no necesariamente mitiga otros retos atinentes a la deuda externa venezolana (cuantía, extensión, diversidad de acreedores, etc.), por lo que procuraremos analizar y proponer mecanismos para llevar a cabo un proceso de reestructuración a gran escala que tengan enfoques estructurados y coordinados para abordar los desafíos inmediatos y establecer las bases para la estabilidad económica y el crecimiento sostenible a largo plazo del país.

Por fines pragmáticos, evitaremos profundizar en las acciones judiciales específicas (v.gr.: legitimidad de los bonos, prescripción, conveniencia del foro, entre otros), pues nuestra intención es presentar un estudio integral que no se diluya en las múltiples posibilidades de defensa, sino que se concentre en encontrar una salida sostenible a esta complicada y extraordinaria situación.

3.1. Propuestas doctrinales (2017-2024)

La mayoría de los autores consultados coinciden en resaltar que un proceso integral de reestructuración de la deuda venezolana en la actualidad podría ser el más extenso en la historia moderna, comparable con el de *Grecia*, aunque sin duda más complejo, tomando en cuenta la diversidad de acreedores involucrados, así como a los aspectos colaterales asociados (garantías, demandas, arbitrajes y sanciones), además de su amplio alcance y las repercusiones internacionales que conlleva.

Ante esta contundente advertencia, resulta pertinente realizar un análisis detallado -en la medida de lo posible, dado el límite de extensión- de las diversas posiciones contenidas en los estudios recientes sobre la reestructuración de la deuda pública externa venezolana elaborados entre 2017 y 2025 por un variado grupo de actores -académicos, investigadores, asesores financieros y despachos de abogados- cuya pluralidad y diversidad de áreas de especialización contribuirá a aportar distintos puntos de vista que enriquecerán una discusión que, a la fecha, consideramos todavía requiere un extensivo pero urgente debate en el foro jurídico venezolano.

3.1.1. Buchheit y Gulati: *holdouts, CACs y Chapter 15*

Destacamos inicialmente la propuesta realizada en 2017 -previo al *default*, la profundización de la crisis política y el endurecimiento de las sanciones económicas- por los académicos Buchheit y Gulati, quienes participaron en la discusión doctrinal de la crisis de deuda externa griega y estudiaron la complejidad que aparejaría un proceso de reestructuración a gran escala con la participación voluntaria de los acreedores en Venezuela[120], situación que ha cambiado desde el inicio masivo de acciones judiciales producto del *default*.

Al margen de la conveniencia de actualizar ese estudio con relación al *default* y las sanciones económicas, destacamos los aspectos más relevantes de su propuesta en relación con una posible reestructuración total de la deuda proveniente de operaciones financieras, y en particular de los bonos soberanos y Bonos PDVSA:

(i) Determinar el potencial riesgo de las actuaciones de los *acreedores holdout* dentro del proceso y las formas de desincentivar su actuación negativa, destacando los ejemplos en los procesos argentinos y griegos, y la dificultad que tales grupos traen a las estrategias de reestructuración;

(ii) Necesidad de conocer en detalle la distinción del clausulado de los bonos soberanos República y los bonos PDVSA, especialmente en lo que respecta al consenso de acreedores y la inclusión de *collective action clauses* (en lo sucesivo "CACs");

(iii) Conveniencia y posibilidad -hasta entonces pocos discutidas- bien de iniciar procedimiento de quiebra para PDVSA bajo legislación americana (*Chapter 15*), bien de crear una nueva empresa del estado distinta capaz de asumir, bajo ciertas condiciones, las nuevas deudas reestructuradas, con las complejidades financieras -y políticas- que esto acarrearía, elemento que retomaremos en el estudio; y

[120] Buchheit, Lee, y Gulati, Mitu, "How to Restructure Venezuelan Debt", en *Duke Law School Public Law & Legal Theory Series*, No. 52, Agosto 2017. Buchheit es profesor y participó en la reestructuración griega de 2012 y Mitu realiza estudios de reestructuración de deudas soberanas en países emergentes.

(vi) Incorporar la necesaria participación del FMI y otros organismos multilaterales para alcanzar un acuerdo integral con la mayoría calificada de los acreedores, que contemple la adopción de un programa de ajuste económico nacional destinado a corregir aspectos estructurales y problemas subyacentes de la economía venezolana.

Su propuesta, que aporta elementos legales y financieros concretos a la mesa (como el examen del clausulado de los distintos bonos y la posibilidad de llegar a acuerdos y modificaciones), aunque resalta la complejidad de este eventual proceso, *no lo descarta como imposible* en la medida en que, si se cumplen muchos extremos que sin duda costará alcanzar, Venezuela podría iniciar un largo y complicado proceso de reestructuración. De antemano advierten lo difícil que será, en el caso de Venezuela, incorporar en el proceso al FMI, dado la animosidad casi forzada con que el país ha mantenido relaciones con ese organismo, pero esta circunstancia, consideramos, podría cambiar a la luz de la relación que mantiene Venezuela con los Estados Unidos y las condiciones que imponga ese gobierno para acceder al proceso de reestructuración.

3.1.2. Moatti y Muci: *auditoría, comité de deuda y oil warrants*

Una aproximación que aporta una visión más estratégica en cuanto a organización y tiempo fue publicada en marzo de 2019, por los asesores e investigadores Moatti y Muci, en un estudio realizado bajo el auspicio de la *Harvard Kennedy School of Government*[121], que contó con la asesoría de la economista Reinhart y el venezolano Hausmann[122]. En este estudio, los autores precisaron una serie de observaciones y recomendaciones prácticas para la reestructuración, dentro de los cuales resaltamos:

(i) Necesidad de realizar una auditoría exhaustiva de las deudas que integran la deuda pública externa, procurando la

[121] Moatti, Thomas, y Muci, Frank, *An Economic Framework for Venezuela's Debt Restructuring*, Harvard Kennedy School, 2019. Moatti es asesor en *Lazard Frères & Co.*, y Muci es investigador de la *London School of Economic and Political Science*

[122] Director del *Growth Lab* de la Universidad de Harvard y dedicado a economía política internacional en la *Harvard Kennedy School.*

transparencia y coordinación respecto de las diferentes entidades deudoras y sus acreedores;

(ii) Definir, de antemano, el alcance y el marco económico del proceso, establecer un marco legal que garantice seguridad jurídica, proteja la incautación de activos en el extranjero, otorgue flexibilidad en las negociaciones, haciendo uso de procedimientos legales sin excluir opciones diplomáticas;

(iii) Designar un *comité nacional de deuda* con competencia para abordar el proceso de manera integral, compuesto por el Ministerio de Finanzas, la oficina de Crédito Público, expertos (financieros, legales y de relaciones públicas) y representantes del BCV, PDVSA, entre otros, para centralizar la información y las negociaciones, así como para servir de enlace con el FMI.

(iv) Adoptar un enfoque unificado y prudente en relación con la legitimidad de las deudas, para preservar la credibilidad y el acceso a financiación futura y gestionar de manera eficiente la opinión pública;

(v) Priorizar la reconstrucción y la recuperación económica, pues el servicio de la deuda podría consumir la propia reestructuración, por lo que es crucial que cualquier apoyo otorgue prioridad al restablecimiento de las importaciones de crudo.

(vi) Secuenciar la reestructuración y priorizar las clases de acreedores, evitando incurrir en negociaciones anticipadas con grupos de tenedores de bonos, que aumentarían el riesgo para sus principales acreedores directos (Rusia y China), por lo que se insiste en una negociación prioritaria y escalonada que permita retrasar el compromiso con los acreedores de mercado hasta alcanzar los acuerdos con prestamistas bilaterales;

(vii) Incorporar *oil warrants* dentro de las negociaciones para mitigar la incertidumbre asociada a la fluctuación de los precios del petróleo, asegurando una distribución justa de los beneficios entre el gobierno y los acreedores.

Esta propuesta, que destaca por su enfoque organizativo y su pragmatismo a través de sugerencias prudenciales que, sin duda, resultan elementales para el inicio del proceso (*v.gr.*: auditoría financiera, marco legal previo, creación de un comité nacional que centralice negociaciones), debe ser tomada en cuenta a los efectos de cualquier proceso, pues además de su aspecto estratégico, resalta la necesidad de priorizar todas las clases de acreedores en una eventual negociación, asunto crucial dada la diversidad de compromisos y pasivos pendientes.

3.1.3. Walker y Cooper: *Chapter 15* y *legislación para revitalizar el sector público*

En julio de 2019, los abogados y asesores WALKER y COOPER, publicaron en un *journal* interno de deuda pública y reestructuración de la firma *Cleary Gottlieb*, un estudio práctico que contiene una hoja de ruta de pasos a seguir para abordar la reestructuración en Venezuela[123].

En su análisis sostienen, de manera general, la necesidad de contar con un marco legal especial (en su caso, una ley especial para la "*Revitalización del Sector Público Venezolano*") y de adoptar procedimientos de quiebra de los Estados Unidos de América (*Chapter 15*), para resolver los pasivos de PDVSA; así como la adopción de una combinación de técnicas financieras (consentimientos de salida, opciones de estructuración e incentivos positivos y negativos) para resolver los pasivos de la República, insistiendo en ambos casos en la necesidad de la incorporación del FMI, así como otras instituciones financieras internacionales y la comunidad internacional en general. Los aspectos principales destacados por estos autores son los siguientes:

(i) Creación de un marco legal integral de revitalización de la economía que a su vez permita la apertura a la reestructuración de la deuda pública;

(ii) La reorganización estratégica de las acciones judiciales en contra de la República y PDVSA;

(iii) La necesidad de garantizar la mayor participación de acreedores y buscar mecanismos para desincentivar a los "*holdouts*";

(iv) La participación del FMI y del Club de París para la renegociación de la deuda soberana a través de mecanismos tradicionales que busquen brindar seguridad jurídica;

---

123 Walker, Mark, y Cooper, Richard, "Venezuela's Restructuring: A Path Forward" en *Emerging Markets Reestructuring Journal*, Cleary Gottlieb, Verano de 2019. Walker es el socio la firma y Cooper es director en *Guggenheim Securities, LLC.*

(v) La incorporación de mecanismos tradicionales y novedosos de manera paralela en la reestructuración de bonos soberanos y de PDVSA, y su vinculación con posibles *oil warrants* y otros mecanismos vinculados con los precios del petróleo.

3.1.4. Kargman: *haircuts y debt-equity swaps*

En 2020, el abogado y consultor norteamericano Kargman, publicó en la *Revista Venezolana de Legislación y Jurisprudencia* un estudio sobre los temas legales y de políticas públicas para abordar una reestructuración en Venezuela, en el cual menciona un elemento que consideramos esencial, cual es la necesidad de la participación de profesionales venezolanos de primer nivel -especialmente abogados y juristas- que "*no solo tengan una maestría técnico en (...) áreas sustantivas clave, sino que más importante aún, comprendan que está en juego las vidas y el bienestar de casi treinta millones de venezolanos*"[124].

En su estudio, el autor también coincide en la necesidad de involucrar al FMI, el Banco Mundial, el BID y la CAF, entre otros, en vista de la dimensión internacional de la deuda. De este estudio, destacamos a los efectos de una reestructuración:

(i) La posibilidad de aplicar herramientas estandarizadas de reestructuración ("*haircuts*", reprogramaciones a corto-plazo, *oil warrants*) con técnicas menos ortodoxas como los canjes de deuda por capital (*debt-equity swaps*) ya planteados en 1990, pero con un enfoque novedoso que debe ser contrastado a la luz de la legislación venezolana; y

(ii) La necesidad de proteger los activos de PDVSA ante acciones judiciales (asunto que se complica en la actualidad en vista de la existencia de un gran número de demandas en curso), así como la posibilidad de iniciar procedimientos de quiebra bajo legislación venezolana o americana;

[124] Kargman, Steven, "Venezuela's Potential Debt Restructuring and Economic Recovery Efforts: Some Key Legal and Policy Challenges" en *Revista Venezolana de Legislación y Jurisprudencia*, No. 13, 2020, p.p. 163-190.

En 2021 el autor actualizó y expandió el detalle de su análisis[125], razón por la cual sugerimos su lectura, pero en términos generales estos dos aspectos, sumados a la necesidad de revitalizar la industria petrolera y diversificar la economía local, son los que traemos a colación de nuestro estudio.

3.1.5. Carrasquero, Escovar *et al.: CACs, FMI y Banco Mundial*

Los abogados venezolanos Carrasquero, Escovar, Campos y Freitas, que han publicado diversos estudios sobre el tema de la deuda externa bajo la tutela del Observatorio de Gasto Público de CEDICE, realizaron en 2022 un análisis sobre experiencias y propuestas efectivas para la deuda venezolana[126], que luego fue complementado en agosto de 2023 por un estudio de derecho comparado que estudia procesos similares en Uruguay, Grecia, Puerto Rico y Argentina[127]. De esos dos documentos, destacamos las siguientes sugerencias y conclusiones:

(i) La reestructuración de deuda deberá recurrir a mecanismos "no tradicionales", como el canje de deuda por acciones en empresas petroleras (esto basado en las sanciones, pero no deja de ser una propuesta vigente).

(ii) La falta de CACs y de agregación en varios bonos dificultará la reestructuración (por acreedores holdouts).

(iii) Será necesario contar con la inclusión del FMI, el Banco Mundial o el BID para tener apoyo técnico en negociaciones con acreedores y aumentar la credibilidad del proceso;

(vi) El sector privado debe participar en las negociaciones, con la finalidad de incluir a la mayor cantidad de acreedores y tenedores de bonos en el proceso; y

125 Kargman, Steven, "Venezuela: Prospects for Restructuring Sovereign Debt and Rebuilding a National Economy against the backdrop of a Failing State", en Journal de la *Association of Insolvency & Restructuring Advisors (AIRA)*, 2021.

126 Carrasquero, Andrés; Escovar, Ramón; y Campos, Mariana, *La Reestructuración de la Deuda Externa Venezolana: experiencias, límites y propuestas efectivas*, CEDICE Libertad, Caracas, 2022. Los autores son abogados venezolanos socios de la firma *ESCG Abogados.*

127 Carrasquero, Andrés; Escovar, Ramón; Campos, Mariana; y Freitas, Víctor, *La Reestructuración (...), Ob. Cit.*

(vii) La necesidad de contar con un experimentado equipo asesor económico para el inicio del proceso, capaz de buscar soluciones sostenibles.

3.1.6. Italiani, Omaña y Pettersson: *Chapter 15, nueva PDVSA, debt-equity swaps*

En junio de 2024, otro grupo de abogados venezolanos conformado por Italiani, Omaña y Pettersson, realizaron un importante aporte en relación con los aspectos legales de una eventual reestructuración de la deuda venezolana[128], del cual sintetizamos las recomendaciones más relevantes para este eventual proceso:

(i) La creación de un marco normativo de insolvencia moderno y alineado tanto a prácticas internacionales como a leyes extranjeras de quiebra, que pudiese ser aplicable a entidades públicas como PDVSA (cuyo estatus como ente de la administración pública descentralizada funcionalmente pone en duda la aplicación incluso del Código de Comercio venezolano, mucho más de leyes extranjeras como el *Chapter 15*);

(ii) La necesidad de abordar de manera integral la reestructuración, involucrando a todos los acreedores, lo cual se considera legalmente viable, pero supeditado a un compromiso político macro, así como a la cooperación de los acreedores y otras partes, asunto que plantea un tema político e internacional;

(iii) La posibilidad -ya estudiada de entre ese grupo por Pettersson en 2019[129]- de constituir una nueva empresa del estado, distinta a PDVSA, que sea receptora de los derechos de exploración y explotación (actividades primarias), así como de los activos y licencias de hidrocarburos, y que asuma la responsabilidad de los bonos PDVSA como sucesora, de conformidad con el Código de Comercio.

(iv) Explorar la posibilidad de los canjes de deuda por capital (*debt-equity swaps*) para reducir los niveles de la deuda y atraer la inversión extranjera.

---

[128] Italiani, Fulvio; Omaña, Carlos; y Pettersson, Roland, *Ob. Cit.* Los autores son abogados venezolanos socios de la firma *D'Empaire*.

[129] Pettersson en conjunto con Levin: "A New PDVSA? The Transfer of Venezuela's Oil Assets to a Successor Entity and Fraudulent Conveyance", *Capital Markets Law Journal*, Oxford University Press, 2019.

3.2. Nuestra Propuesta: Lineamientos para una Reestructuración Integral

3.2.1. Previo. Viabilidad de reestructurar

Luego de examinar las posturas doctrinales y la literatura relevante, así como un análisis de los riesgos y la magnitud de la deuda externa en el contexto del derecho público venezolano y de los aspectos aplicables del derecho internacional, reconocemos que existen numerosos factores que obstaculizan el inicio de un proceso integral de reestructuración. Sin embargo, es crucial señalar que ninguno de estos factores constituye una imposibilidad jurídica o material absoluta que excluya la viabilidad de este proceso. Por lo tanto, afirmamos con convicción que ***una reestructuración integral de la deuda venezolana es plenamente posible***. No obstante, no obviamos que su implementación estará sujeta al cumplimiento de una serie de requisitos esenciales que nos llevan a coincidir con la opinión de numerosos expertos que advierten que, de llevarse a cabo, su complejidad será extraordinaria y excepcional en la historia moderna. La atención a estos requisitos, y la consideración de los desafíos inherentes, serán fundamentales para abordar este proceso de manera efectiva y responsable.

Antes de proceder con las sugerencias concretas para abordar un proceso de reestructuración o refinanciamiento de la deuda pública externa venezolana, consideramos prudente destacar, en primer lugar, que pretendemos con este estudio explorar soluciones que pueden ya haber sido propuestas en términos similares, así como dar interpretaciones a ideas y teorías que puedan aportar nuevos enfoques, buscando contribuir a los aportes destinados a garantizar la viabilidad de la reestructuración. En segundo lugar, la apremiante necesidad de emprender una reestructuración nos inclina a considerar que ciertas propuestas supondrían su aplicación bajo las condiciones de la actual coyuntura política y económica[130], pero otras propuestas evidentemente dependerán de un cambios estructurales de las condiciones políticas internas.

130 Cuando se le preguntó a Olivares-Caminal, ex asesor de la UNCTAD sobre deuda soberana y actual asesor de acreedores de la deuda venezolana, sobre cuándo consideraba oportuno iniciar la reestructuración, respondió, "*ahora mismo, pero ha debido iniciarse ayer*". *Vid.*: Olivares-Caminal, Rodrigo, "*Thoughts on the Possible Restructuring of Venezuelan Debt*" (*interview*), LEC Abogados, Caracas, 2023.

3.2.2. Lineamientos esenciales

Como sostiene KRUEGER -exdirectora tanto del Banco Mundial como del FMI-, no existe en el plano internacional un marco jurídico integral que establezca un proceso ordenado y previsible para la reestructuración de deudas soberanas, ni hay un sistema que garantice la participación de organismos internacionales reconocidos por ambas partes, lo que suele complicar el inicio, orden y sistematización de estos procesos y entorpecer en muchos casos la coordinación eficaz entre los diversos acreedores y los países deudores[131]. Bajo esa consideración, nuestro aporte en este aspecto no se sustentará entonces en un enfoque estrictamente personal, sino que se orientará hacia el establecimiento de una serie de ***lineamientos esenciales*** que, a modo enunciativo, deberían ser considerados por el gobierno en el contexto de la reestructuración integral de la deuda externa venezolana.

Estos lineamientos, que se formulan bajo una perspectiva realista, pragmática y estratégica con la finalidad de poder lograr un proceso idóneo, los ordenamos de la siguiente manera:

Lineamientos	***a) Condiciones previas***	(i)	Determinación de magnitud y naturaleza
		(ii)	Consenso internacional
		(iii)	Acuerdo nacional
		(iv)	Transparencia y consideración universal de los acreedores
	b) Estratégicos	(v)	Plan económico nacional
		(vi)	Participación de organismos multilaterales
		(vii)	Apertura a la inversión extranjera
	c) Estructurales e institucionales	(viii)	Adaptación del marco legal y reglamentario
		(xi)	Protección de activos nacionales en el extranjero
		(x)	Reestructuración de PDVSA y filiales
	d) Sustantivos (financieros)	(xi)	Moratoria
		(xii)	Quitas (*Haircuts*)
		(xiii)	Reducción de tasas de interés y extensión de plazos
		(xiv)	Oil-Warrants
		(xv)	Conversión de deuda (*debt-equity/resource swaps*) * en punto aparte

131 Krueger, Anne, *Ob. Cit.*

Como se puede observar, asumimos que la reestructuración de la deuda no será un ejercicio meramente técnico-financiero, como podría suponerse en casos análogos, sino un proceso integral que exige, como condición de credibilidad, una determinación previa y concurrente de una estrategia de recomposición económica capaz de sustentar de manera viable y sostenible la reestructuración.

a) Condiciones previas

(i) *Determinación de la magnitud y naturaleza de la deuda*

Partiendo de la base de su considerable magnitud, sumada a su escasa sistematización, es imperativo, antes de emprender cualquier proceso, que se realice un diagnóstico exhaustivo de la situación que afrontamos, esto es, identificar con qué deudas estaría lidiando la nación para evaluar el alcance, la complejidad y los riesgos inherentes al proceso. Aunque se postula que la reestructuración debe ser *integral*, lo cierto es que será fundamental tener en cuenta los distintos tipos de pasivos presentes, para poder realizar una planificación de las etapas y estructura de este extenso proceso.

Sobre este aspecto, WALKER ha considerado que el primer asunto crítico que debe abordarse antes de iniciar este proceso será la *identificación y valoración de reclamaciones legítimas*, para luego crear un proceso eficaz para tratar con los diversos acreedores de manera sistemática y coherente[132]. Por lo tanto, coincidiendo con MOATTI y MUCI, estimamos que el primer paso consistirá necesariamente en elaborar un inventario detallado de la deuda pública externa vigente, asegurando la máxima transparencia y la adecuada coordinación entre los entes deudores y acreedores[133].

Como se ha mencionado y ha sido advertido por diversos asesores y autores, preocupa el desconocimiento, incluso a nivel interno del gobierno, respecto a la extensión de la deuda, la multiplicidad de

---

132 Walker, Mark, "*Thoughts on the Possible Restructuring of Venezuelan Debt*" (*interview*), *Ob. Cit.*

133 Moatti, Thomas, y Muci, Frank, *An Economic Framework for Venezuela's Debt Restructuring, Ob. Cit.*

acreedores y la naturaleza de cada obligación, lo que complica significativamente la capacidad de emitir juicios informados sobre tan vasto tema[134]. Estimaciones actuales calculan que al menos US$ 100,000 millones corresponden únicamente a bonos y que al menos US$ 15,000 millones corresponden a deuda bilateral, pero no hay una forma de saberlo con certeza[135].

Por ello, no solo es crucial conocer la extensión de la deuda, sino también su graduación, los pasivos vencidos, las condiciones asociadas a cada obligación, así como los juicios en curso, aspecto que es de suma importancia, dado que la ejecución de dichos juicios podría agravar aún más los desafíos inherentes a cualquier proceso de reestructuración[136]. La República parece haber dado inicio a esta fase del proceso llevando a cabo un diagnóstico inicial de la deuda externa del sector público, decisión que consideramos acertada y bien encaminada al conocimiento inicial del problema[137].

---

[134] Sobre este asunto, Kargman apropiadamente indicó en 2021 lo siguiente: "*Any eventual sovereign debt restructuring promises to be incredibly complex, challenging, and messy. In addition to the sheer size of the debt load that needs to be restructured, there is a huge and widely dispersed creditor body which is likely to make creditor coordination, so critical in restructurings of any scale, a major challenge. There is also a kaleidoscopic array of creditor interests involved, including bondholders, multilateral development institutions, promissory noteholders, trade creditors/suppliers, arbitration award holders, and claimants to blocked foreign exchange payments. The potentially divergent agendas of these various creditors may well give rise to inter-creditor tensions or conflict*". *Cfr.*: Kargman, Steven, "Venezuela: Prospects for Restructuring Sovereign Debt and Rebuilding a National Economy against the backdrop of a Failing State", *Ob. Cit.*, p. 3.

[135] Forbes reportó el 06/01/2026 que: "*Los analistas estiman que Venezuela debe actualmente entre 150,000 y 170,000 millones de dólares, y JP Morgan calcula que 102,000 millones de esa cifra corresponden a bonos, mientras que la deuda bilateral con China asciende a entre 13,000 y 15,000 millones de dólares. Venezuela no ha informado cifras de deuda desde hace alrededor de una década y, mientras tanto, la empresa estatal Petróleos de Venezuela (PDVSA) ha firmado complejos acuerdos de deuda respaldados por petróleo con China*".

[136] Según CEDICE, alrededor de US$30 millardos de la deuda soberana (para 2025) se vinculan con demandas ante centros de arbitraje formuladas por inversionistas extranjeros protegidos por tratados bilaterales de protección de inversiones vigentes con Venezuela. *Vid.*: https://cedice.org.ve/ogp/reporte/deuda-externa-venezolana-demandas-arbitrales/

[137] Yapur, Nicolle, "Venezuela, en default, contrata a Rothschild como asesor de deuda", en *Bloomberg*, nota de prensa del 23 de abril de 2024, disponible en: https://www.bloomberglinea.com/latinoamerica/venezuela/venezuela-en-default-contrata-a-rothschild-como-asesor-de-deuda/

(ii) *Consenso internacional*

Para efectos puramente metodológicos de nuestro estudio, nos fundamentaremos en dos premisas válidas en la actualidad, las cuales, no obstante, se encuentran sujetas a cambios potenciales: primero, que un proceso de reestructuración de la deuda pública externa venezolana debe requerir una ***negociación y un acuerdo previo*** con el gobierno de Estados Unidos y los países de los acreedores, aspecto que denominamos como "consenso internacional"; segundo, que aunque las sanciones económicas impuestas por la OFAC presuponen un obstáculo regulatorio para iniciar cualquier tipo de proceso de reestructuración[138] (y la idea de una licencia especial para un proceso tan amplio ha sido desestimada en oportunidades previas[139]), asumimos que alcanzar el consenso mencio-

---

138 "*There's also an Ofac measure against Venezuela issuing new debt — which is necessary to restructure its bonds (workouts are structured as the exchange of old defaulted bonds with new but less valuable ones)*". *Cfr.:* Ferrer, Elías, "Venezuela's long and winding debt restructuring road" en *Financial Times*, Vol. Marzo 2019. Aunque ciertos autores, como Humes, han considerado que sus limitaciones siempre han podido ser salvadas en relación con los bonos y otros instrumentos. Este autor, que ha participado en negociaciones como acreedor -en su papel como director de *Geylock Capital* y copresidente del grupo de acreedores venezolanos, que se ha opuesto a las sanciones- señaló que: "*These sanctions were poorly designed for the problem it was claimed they were meant to address. The stated purpose of the secondary market trading sanctions was to block the ability (...) to sell bonds to fund their regime. They do not do that. The sanctions prevent US persons from buying bonds in the secondary market, and further specify that any sales must be made to non-US persons only. As a result, the option of selling to a non-US buyer remains if regime-related persons wish to sell. However, if US persons want to sell, or are forced to sell because of a reduction or elimination of Venezuela's index weighting in the EMBI (as was implemented by JP Morgan beginning in July 2019) or due to portfolio redemptions, the buyers will most likely be non-US persons who will almost certainly have interests that are not aligned with the US in how they intend to use the debt that is acquired. The longer the sanctions stay in place, the more debt will switch from US hands into these non-US buyers*". Otros autores sostuvieron que la negociación siempre debió hacerse directamente con el ejecutivo norteamericano. Hernández, entre otros, propuso incorporar al gobierno norteamericano en el proceso de reestructuración a través de la *Foreign Claims Settlement Commission* (FCSC) del Departamento de Justicia. Vid: Hernández, José Ignacio, *The Venezuelan External Public Debt Crisis: Everything Everywhere All at Once*, Center for Strategic and International Studies, marzo de 2023.

139 Sobre este tema se ha comentado: "*There are two requirements that need to be met for debt restructuring to move forward: first, the U.S. Office of Foreign Assets Control (OFAC) would need to issue a license allowing the Venezuelan government to re-enter the primary financial market since a new issuance of bonds must be made for a restructuring. In fact, part of Rothschild's work would be to estimate the possible haircut to be applied, Vene-*

nado aparejaría bien el levantamiento de las sanciones económicas o una licencia especial *ad hoc* para llevar a cabo este proceso.

Sobre este aspecto merece la pena mencionar que el Ejecutivo estadounidense dictó el 09 de enero de 2026 una Orden Ejecutiva[140] vinculada con la producción petrolera temporal venezolana, en la cual declaró una emergencia para proteger todos los ingresos provenientes de actividades de hidrocarburos venezolanos con la finalidad de protegerlos de embargos, ejecuciones judiciales o reclamos de acreedores, garantizando que esos fondos son propiedad soberana de Venezuela, aunque custodiados temporalmente por el tesoro estadounidense, sin que ello implique "renuncia a la inmunidad soberana". Este tipo de acciones parece indicar la posibilidad de acudir a un proceso consensuado de reestructuración que aparejaría el levantamiento de las sanciones que originalmente restringen su inicio y desarrollo.

(iii) *Acuerdo nacional perentorio*

Expuesto lo anterior, parece evidente para todos los analistas del tema que la posibilidad de realizar una aproximación internacional a los principales gobiernos de los acreedores así como a organismos multilaterales -cuya sede es bien Washington o Bruselas-, deberá contar con una suerte de *acuerdo previo nacional* entre el gobierno y los actores relevantes del ámbito político nacional, con la posible incorporación de la sociedad civil.

La idea es procurar lograr una adhesión consensuada a nivel nacional sobre la necesidad y oportunidad para iniciar una reestructuración de la deuda pública, así como fomentar su eventual participación en lo que respecta a la discusión y la forma de llevar a cabo este importante

---

zuela's recovery rate, recovery value, oil production, among others while having access to the country's international bank accounts—many of which are currently frozen". *Vid.*: París, María, "Is Venezuela Headed to Debt Restructuring?" en *Caracas Chronicles*, Mayo de 2024. Algunos autores indicaron que no se podría hacer en Venezuela nada distinto que esperar un cambio político que se considere favorable para renegociar la deuda. Ver en general los comentarios de: Lowenthal, Abraham F., *Venezuela's Elusive Transition: Toward a New Path*, Wilson Center, 2021.

140 Orden Ejecutiva de la Presidencia de los Estados Unidos de América dictada el 09 de enero de 2026: *Safeguarding Venezuelan Oil Revenue for the Good of the American and Venezuelan People*. *Vid.*: https://www.whitehouse.gov/presidential-actions/2026/01/safeguarding-venezuelan-oil-revenue-for-the-good-of-the-american-and-venezuelan-people/

proceso[141].Plenamente conscientes de que la situación actual es complicada en este punto, no podemos dejar de traer a colación esta idea, pues consideramos reflexivamente que no se trata ya de una mera sugerencia, sino propiamente de una *condición previa* para el gobierno venezolano.

Desde luego, resulta evidente que la legitimidad de esta iniciativa reposa sobre la idea -sin duda compartida por todos- de que la reorganización de la deuda externa para proteger el patrimonio venezolano en un asunto de *supremo interés nacional*. Por ese motivo, no podemos dejar de insistir en que la ausencia de una alianza previa nacional dificultaría un subsecuente acuerdo internacional con gobiernos, acreedores y organismos multilaterales, pues ella minaría el proceso por falta de legitimidad intrínseca *ab initio*. Esto, desde luego, será un desafío en sí mismo que no atañe a este examen jurídico y que puede ser lo suficientemente complicado como para comprometer el inicio mismo del proceso integral de reestructuración de la deuda nacional.

(iv) *Transparencia y consideración universal de acreedores*

Una reestructuración exitosa debe involucrar a la mayor cantidad posible de acreedores: el Club de París (acreedores oficiales), los distintos tipos de tenedores de bonos soberanos y de PDVSA, los organismos multilaterales (BID, CAF), los acreedores comerciales y, especialmente, los acreedores bilaterales (caso especial de China).

Particularmente en lo que respecta a la deuda financiera (bonos), se buscaría evitar que acreedores *holdouts* dificulten la ejecución de un acuerdo, pues para la mayoría de los expertos estos pueden resultar ser un importante obstáculo. En algunos casos las CACs (esto es, las *cláusulas de acción colectiva*) incorporadas en los bonos -aunque

---

141 Sobre este punto, Rodríguez afirmó en 2023: "*The way out of Venezuela's current crisis is not through foreign-backed regime change, but through an inclusive political settlement that allows the country's competing factions to coexist. Drawing on the strategies of peace mediation and conflict resolution, negotiations should focus on institutional reforms that make power sharing possible. The United States and its partners should not try to help one side prevail in the fight for control of the state. Rather, they should push the Venezuelan government and opposition to resolve their differences peacefully and cooperate to address the country's problems*". *Vid.*: Rodríguez, Francisco, "Can Venezuela Chart a Path Out of Crisis?" en *Foreign Affairs*, Vol. Dic, 2023.

reiteramos, no aplica para todas las series de bonos[142]- permitirían que un porcentaje mayoritario de acreedores acuerde la reestructuración, obligando a todos los acreedores a aceptar los términos, lo cual es esencial como plan alternativo. Esto, sin embargo, amerita una consideración: dado que en algunas emisiones soberanas -y en casi todas las de PDVSA- no se incluyen tales CACs o éstas requieren un consenso del 75% u 85% de los tenedores de cada serie para modificar términos y condiciones de los bonos, la aproximación debe ser distinta buscando un proceso *voluntario* y consensuado, que sea ofertado y conocido como una invitación a mejorar la condición tanto de la deuda como del deudor y el acreedor, en miras a su sostenibilidad, pues de otro modo se comprometería la viabilidad de la reestructuración de diversas series de bonos por la falta de acuerdo y la potencial existencia de acreedores renuentes a participar, así como de acreedores que cuentan con decisiones

---

142 Buchheit y Gulati advierten: "*PDVSA has borrowed in the international bond markets using U.S.- style trust indentures. PDVSA's bonds do not contain collective action clauses (CACs) that would allow a supermajority of holders of a bond to agree to a structuring and thereby bind all holders. That is the bad news. The good news is that the provisions of each series of PDVSA's bonds issued in the international markets under these indentures may be amended with the consent of only a bare majority of holders except for amendments that would: (i) reduce the percentage of holders that must consent to amendments, (ii) reduce the rate of interest or extend the time for payment of interest, (iii) reduce the principal amount payable on the bonds or change the maturity date of the bonds, (iv) change the currency of the bonds, (v) "impair the right of each Holder to receive payment of principal of, premium (if any), interest and Additional Amounts, if any, on such Note on or after the due date thereof or to institute suit to enforce such payment," (vi) subordinate the bonds in right of payment to any other indebtedness, or (vii) change the amendment provisions*". *Vid.*: Buchheit, Lee, y Gulati, Mitu, "How to Restructure Venezuelan Debt", *Ob. Cit.*

143 "*Most sovereign bonds issued today include collective action clauses ("CACs") that allow a super majority of holders across multiple series of bonds to agree to the terms of a restructuring that would be binding on all creditors. Unfortunately, the outstanding bonds of the Republic do not include these modern CACs which permit aggregated voting across series. Two issues of Venezuela's bonds do not contain CACs at all and the balance include CACs that allow holders of 75% (85% in the case of two issues) of the outstanding amount on a series-by-series basis to modify the basic payment and other terms to accommodate the restructuring that Venezuela will require. These are high thresholds and recalcitrant creditors may already have blocking positions in a number of series, or at today's prices (assuming U.S. sanctions permit trading to resume normally) might easily acquire such positions. Moreover, the use of CACs to restructure bond debt will have no impact on those holders that have already obtained money judgments by the time the CAC is activated. So, although it is possible that the existing CACs may be sufficient to lock in a restructuring for certain series, it is unlikely that they will prove effective on their own to restructure the Republic's bond debt*". *Cfr.*: Walker, Mark, y Cooper, Richard, *Ob. Cit.*

a su favor[143]. Será necesario, entonces, no solo el apoyo mayoritario y el control de los juicios activos para evitar disputas judiciales prolongadas, sino también la *transparencia y diálogo* con los acreedores para generar confianza y asegurar una participación amplia.

No cabe duda de que Venezuela necesitará demostrar un compromiso con sus acreedores y plantear una reforma estructural interna para poder llegar a restaurar su credibilidad en los mercados internacionales.

Sea como fuere, reiteramos, el proceso deberá incluir no solo a los grandes inversores institucionales, sino también a pequeños tenedores de bonos así como a los acreedores bilaterales, asegurando que todos los grupos tengan voz en el acuerdo. Desde luego, como indican expertos financieros, se deberá secuenciar la reestructuración y priorizar las clases de acreedores, evitando incurrir en negociaciones anticipadas con grupos de tenedores de bonos, que aumentarían el riesgo para acreedores bilaterales de mayor importancia estratégica y con los cuales la deuda es ya cuestión de principio geopolítico: Rusia y China[144]. La realidad es que una negociación escalonada de la deuda deberá estar casi supeditada a acuerdos con esos prestamistas bilaterales que pudiesen verse potencialmente afectados por negociaciones abiertas sobre activos que se encuentran muy comprometidos.

b) Lineamientos estratégicos

Este apartado se refiere a lineamientos instrumentales de reconstrucción económica concebidos como presupuestos de credibilidad y sostenibilidad de un proceso de reestructuración, los cuales deben definirse *ex ante* y desarrollarse de manera previa y/o concomitante a la ejecución de los mecanismos financieros.

(v) *Plan económico nacional*

La sostenibilidad de cualquier reestructuración depende en gran parte de la capacidad de Venezuela para generar ingresos a largo plazo,

---

[144] "*Venezuela has two types of financing with China. One is the long-term US$20 billion fund. The second is the so-called Chinese fund, which comprised an initial US$4 billion and is now worth US$5 billion. The Venezuelan government has sole discrepancy over use of this fund*". *Cfr.*: Dialogue Earth, "China is a long-term player in Venezuela's energy future", disponible en: https://dialogue.earth/en/energy/6895-china-is-a-long-term-player-in-venezuelas-energy-future/

lo que presumimos posible como consecuencia de una eventual revitalización de la industria petrolera[145], así como una posterior diversificación económica que garantice un crecimiento sostenido del PIB.

Sin embargo, cualquier reconstrucción nacional debe partir al menos del esbozo de un plan económico nacional para, al menos, los próximos 10 años, que lleve aparejado la necesidad pública e inminente de realizar reformas orientadas a aumentar la inversión extranjera desde un punto de vista multisectorial (esto es, no únicamente concentrada en la industria petrolera) y mejorar la productividad general del país, lo que puede incluir reformas al marco jurídico vigente para revitalizar la economía nacional, todo esto bajo el presupuesto de la instauración de mecanismos de transparencia y la correcta gestión de los recursos energéticos del país y de PDVSA.

Para ciertos autores la recuperación económica de Venezuela se consideraba bastante viable en un entorno post-sanciones[146] y vale decir que a la fecha de publicación de este estudio los bonos vinculados con PDVSA han repuntado, dado el cambio en la perspectiva riesgo/país que han reflejado los analistas en los últimos días[147].

En todo caso, con este lineamiento queremos resaltar la idea de que el gobierno venezolano no solo deberá garantizar la generación de

---

[145] En un informe publicado por Morgan Stanley el 06/01/2026, se afirmó: "*A stable government that normalizes relations with the U.S. could unlock significant investment in Venezuela's oil industry, boosting production*". *Vid.*: "*Investors Evaluate Developments in Venezuela*", Morgan Stanley, disponible en: https://www.morganstanley.com/insights/articles/market-implications-us-intervention-venezuela

[146] Sobre esto se ha comentado: "*Venezuela's macroeconomic fundamentals look strong compared with other countries in default. In Argentina, entrenched popular ill-will toward bailout conditions imposed by the International Monetary Fund (IMF) have hampered debt negotiations for decades. In crisis-stricken Lebanon, the government has racked up debt equivalent to 150% of national output with few viable economic options for repayment. Venezuela's natural resources endowment, which includes gold, iron ore and other commodities in addition to oil, means that the country has a clear path to solvency. Since Chevron resumed its exports from Venezuela, its oil production there has grown rapidly to 100,000 barrels per day. That figure is expected to double by 2025, by which time the oil major will have recovered the $3 billion owed to it by Caracas. In a sanctions-free environment, that performance could be replicated across the industry...*". *Cfr.*: Youkee, Mat, "Venezuela Sovereign Debt: A Hefty Wager", en *LatinFinance*, Jul. 2023.

[147] Morgan Stanley sostuvo en un informe del 06/01/26: "*The debt market is likely to see more immediate effects from recent events, with bonds of the government of Venezuela and the state-controlled oil producer PDVSA continuing their rally after strong gains in late 2025*". *Ob. Cit.*

ingresos, sino que deberá planificar el futuro económico con una perspectiva a largo plazo de crecimiento económico sostenido, que permita al país financiar su deuda sin recurrir a nuevos defaults (incluyendo mecanismos de monitoreo internacional que garanticen el cumplimiento de los compromisos asumidos).

(vi) *Participación de organismos multilaterales*

Su inclusión es imprescindible en un proceso de esta magnitud. Desde luego, el FMI, el Banco Mundial y el BID desempeñarían un rol clave en la reestructuración proporcionando asistencia técnica y credibilidad al proceso, así como, de ser el caso, a través de programas de financiamiento concesionales o facilidades de crédito para estabilizar las finanzas y, al mismo tiempo, asegurar que la posibilidad de pago. Además sería incongruente buscar operaciones de financiamiento externo a través de bonos radicados en Nueva York y, al mismo tiempo, evadir la asesoría del FMI o el BID, instituciones en las cuales confían esos mismos acreedores para coordinar un proceso repago. Esto, se advierte, es más pragmático que ideológico y la nación tiene pocas posibilidades de prescindir de su participación[148].

(vii) *Apertura flexible a la inversión extranjera*

Para que la reestructuración sea sostenible, Venezuela deberá funcionar como un polo de inversión extranjera, no solo en el sector hidrocarburos (nuevas aperturas petroleras dentro del marco actual) sino en otros sectores de interés internacional: energía eléctrica, minería, producción agropecuaria, turismo, etc. De nuevo, la capacidad realista de cumplir con los nuevos compromisos requerirá soluciones novedosas que den seguridad financiera a los acreedores, pero a la vez fomenten el crecimiento de la economía nacional, aprovechando este proceso para un relanzamiento del país en el panorama internacional que permita a

148 "*Con la participación del Fondo Monetario Internacional, el Banco Mundial o el Banco Interamericano de Desarrollo en el caso venezolano, sirven para contar con el apoyo técnico que se requiera en las negociaciones con los acreedores. Además, la presencia de estos organismos aumenta la credibilidad del proceso, aumentando la participación de la mayor cantidad de acreedores*". *Cfr.*: Carrasquero, Andrés; Escovar, Ramón; Campos, Mariana; y Freitas, Víctor, *Ob. Cit.*, p. 39.

Venezuela iniciar un camino hacia el restablecimiento de su credibilidad en los mercados internacionales.

La recuperación de la industria petrolera bajo estándares tradicionales (infraestructura, producción) o más heterodoxos (esquemas mixtos de servicios con empresas internacionales) ya ha sido planteada en el mercado internacional, a pesar de su costo y complejidad. El despliegue de un plan de apertura integral a la inversión extranjera, luego de la revitalización de la industria petrolera y la restauración de la seguridad jurídica, sería previsible, por lo que no vemos que este tópico sea un desafío en cuanto a su certidumbre, pero sí lo será en lo que respecta a su adecuada ejecución.

c) Lineamientos estructurales e institucionales

Este apartado se refiere a lineamientos de carácter estructural o institucional que hacen que la reestructuración sea funcional, es decir, que pueda ser ejecutada en la práctica con la mayor disposición posible para alcanzar su meta.

(viii) *Adaptación del marco legal y reglamentario*

En este punto coincidimos con la mayoría de los autores que indican que, bajo el marco normativo actual, la nación pudiese verse obstaculizada para iniciar y participar en un proceso de esta magnitud con la flexibilidad que amerita, en virtud de la diversidad de acreedores y de deudas asumidas. Una posición, ya comentada, precisa de la creación de un marco normativo de insolvencia moderno y alineado tanto a prácticas internacionales como a leyes de quiebra del plano internacional, que pudiese ser aplicable a entidades públicas como PDVSA, cuyo estatus como ente de la administración pública descentralizada funcionalmente, pone en duda la aplicación incluso del Código de Comercio venezolano, mucho más someterla a leyes extranjeras de insolvencia[149].

[149] Sobre este asunto, han comentado Italiani *et al*: "*There are two insolvency procedures under Venezuelan law: (1) the moratorium process; and (2) the bankruptcy process. Although the regime may be used either to liquidate business enterprises or to reorganize them, recent practice seems to show that if a company is salvageable, most stakeholders prefer to have an out-of-court restructuring. The Venezuelan bankruptcy process is seen as vexatious, reflecting in part the fact that there is still a social stigma attached to businesses*

Dentro de este régimen jurídico, se podría considerar modificaciones en los siguientes marcos normativos:

(i) **LOAF:** una reforma a la vigente LOAF en las materias atinentes al abanico de operaciones que puede comprender la reestructuración y posibilidad de considerar iniciativas provenientes tanto de la Asamblea Nacional, como del Ejecutivo e incluso de los propios entes descentralizados, las cuales se someterían a los mismos requisitos legales pero aceptarían mayor flexibilidad.

(ii) **Ley especial:** la emisión de una *ley especial de reestructuración de deuda pública externa* que permita, como sucedió en los refinanciamientos de 1985 y 1990, el uso de mecanismos dinámicos y creativos de negociación. Incluso, en este punto, se podría considerar la posibilidad de crear un *comité nacional de deuda* con competencia para abordar el proceso integralmente y con una condición orgánica integral y temporal que permita centralizar todo el proceso de cara a los acreedores internacionales y los organismos multilaterales.

---

that go bankrupt. There is much speculation as to whether Venezuelan public entities can be subject to the Code of Commerce's insolvency regimes. PdVSA and its subsidiaries in Venezuela are organized as public limited companies under the Code of Commerce and logic would dictate that the Code's bankruptcy provisions should apply to them. However, PdVSA's oil and gas transportation and distribution infrastructure is protected from local attachments. Specifically, any provisional remedy, or remedy in aid of the execution of judgments rendered against PdVSA's oil and gas distribution infrastructure located in Venezuela, must be automatically stayed for 45 days while the Ministry of Energy and Petroleum deploys a plan that will ensure the uninterrupted supply of oil, derivatives and gas to the market. This protection from attachments and provisional remedies has been regarded by scholars as a type of immunity that would complicate the application of the bankruptcy regime of the Code of Commerce to PdVSA, as a significant portion of the national oil company's most valuable operational assets may fall outside the reach of compulsory liquidation proceedings. Some might say that PdVSA's insolvency would require the procedural rules currently in effect in Venezuela to be adapted to take account of the underlying public policy issues involved to avoid affecting the provision of a public service of general interest. Other legal commentators have taken a different view. Neither position has been tested in the Venezuelan courts in relation to the oil and gas industry.[15] If the bankruptcy regime of the Code of Commerce were to be considered not to be applicable to PdVSA by the competent court, which in our view would be the Venezuelan Supreme Court, there would be no other specific set of rules that would regulate PdVSA's insolvency or its liquidation". *Cfr.*: Italiani, Fulvio; Omaña, Carlos; y Pettersson, Roland, *Ob. Cit.*

(iii) **Régimen jurídico de los hidrocarburos:** reforma del marco jurídico que rige la exploración y explotación de hidrocarburos y la participación de la inversión extranjera en empresas mixtas creadas con la finalidad de contemplar, al menos, el canje de deuda por derechos de explotación y otros mecanismos análogos.

(vi) **Código de Comercio:** disposiciones del Código de Comercio en relación con procedimientos concursales a la calificación de pasivos de entes descentralizados.

(v) **Materia fiscal:** reformas fiscales que garanticen una mayor transparencia y rendición de cuentas en la gestión de las finanzas públicas.

Este es solo un listado preliminar y enunciativo de aspectos que podrían ser tomados en cuenta en una eventual reforma al régimen jurídico de la reestructuración, tema que amerita una auténtica discusión doctrinaria, pues carecería de sentido que el inicio de un proceso de esta magnitud se viera restringido por normas ortodoxas más propias del funcionamiento normal de las finanzas públicas, que de procesos extraordinarios como el analizado.

(ix) *Protección de activos nacionales en el extranjero*

Un punto crítico en la reestructuración en general, que desde luego incorporaría las acreencias de los bonos de PDVSA garantizados, sería asegurar que los activos estratégicos, como es el caso de *Citgo* y sus refinerías, no sean objeto de embargos o ejecución judicial por parte de los acreedores, lo que torpedearía el proceso desde su inicio[150]. Sin

[150] Sobre este punto, Walker y Cooper indicaron acertadamente lo siguiente: "*The most critical and time-sensitive task is to normalize the status of PDVSA and protect its assets and operations, notwithstanding the fact that total claims against the Republic exceed those against PDVSA. Venezuela's future recovery and its ability to generate hard currency are and will remain for a long time heavily dependent on the country's ability to exploit its abundant oil and gas reserves. And although the role of PDVSA going forward may change dramatically as substantial private capital is committed to the oil and gas industry and Venezuela relies more on royalties and income taxes than on proceeds from exports by PDVSA itself, PDVSA is nonetheless likely to continue to play an important role in this critical sector of the economy. Thus, safeguarding the assets of PDVSA outside Venezuela—both tangible assets like Citgo as well as accounts receivable—and its ability to conduct business around the world*

entrar en consideraciones sobre el *cómo* (pues sobre esto hay múltiples posiciones hasta encontradas, algunas tradicionales, otras heterodoxas y otras pragmáticas), será siempre una condición clave para una reestructuración exitosa.

Sobre este punto se trae a colación la experiencia de las medidas de protección de activos contra acreedores realizada en el marco de la reestructuración de deuda de *Irak* (2003-2005), lideradas por el Consejo de Seguridad de las Naciones Unidas así como por los Estados Unidos de América. Si bien hay posturas a favor (Buchheit y Gulati), también hay posiciones críticas (Walker) sobre la aplicación de tales medidas a PDVSA, bajo el argumento de que éstas podrían afectar la credibilidad frente a la inversión extranjera. Considerando la situación actual, la presión de los acreedores y la vulnerabilidad de los activos en el extranjero, consideramos que las medidas de protección son una forma pragmática de salvaguardar el patrimonio nacional, sin que ello implica la consideración de otros mecanismos que tengan la misma finalidad pero operen de distinta manera.

(x) ***Reorganización de PDVSA y filiales***

Debemos advertir que, a la fecha, no consideramos conveniente, por razones varias, la posibilidad de liquidar PDVSA como ha sido sugerido por muchos de los autores, sobre todo internacionales[151]. Por una parte, porque el régimen jurídico que le aplica a esa empresa es, como se ha afirmado, preponderantemente de derecho público por lo que sería inviable someterla a un proceso exclusivamente de derecho privado en una jurisdicción extranjera, como el procedimiento de quiebra por el *Chapter 15* -o conforme a derecho privado[152]- aunque esto es completamente posible para otros autores bien bajo el régimen jurídico

are of paramount importance and will be essential to its ability to attract new capital and strategic partners". *Cfr.*: Walker, Mark, y Cooper, Richard, *Ob. Cit.*

151 Propuestas de Buchheit y Gulati, pero también Pettersson y luego Italiani *et al.*

152 Zandstra señala que hay casos precedentes en donde una empresa estatal ha sido sometida, extraordinariamente, a procesos de quiebra similar al Chapter 15: "*There are successful instances where a state-owned corporation originally not subject to a functioning bankruptcy / re-organisation regime has become the subject of a new functioning such regime as a precursor to restructuring its debt obligations. Dubai World is a relatively recent example*". *Vid.*: Zandstra, Deborah, *Ob. Cit.*

actual[153] o a través de la creación de una ley especial para PDVSA[154]. Por otra, porque incluso si fuese posible hacerlo y asumiendo que el régimen aplicable fuese estrictamente de derecho privado y se rigiera por el Código de Comercio, pensamos que la importancia nacional de ese ente descentralizado es tal, que considerar una liquidación para favorecer a los acreedores podría parecer una sugerencia irreflexiva para el gobierno, al margen de su posible conveniencia.

Al respecto creemos más conveniente evaluar la idea de una reorganización corporativa, esto es, una modificación de su estructura societaria. En efecto, una posibilidad más moderada y conveniente puede ser la de crear una nueva empresa del estado, distinta a PDVSA (pero que sea filial de este *holding*) como ha sido sugerido por Levin y Pettersson en 2019[155]

La ides aquí es esa reorganización societaria permita flexibilizar una subrogación parcial de ciertos derechos vinculados con las actividades primarias de exploración y explotación, ser titular de licencias de hidrocarburos de manera simultánea con PDVSA y otras filiales, pero pueda asumir, total o parcialmente, la responsabilidad de determinados pasivos de deuda soberana, comprometiéndose al pago de los bonos con cargo a ingresos petroleros.

Esto requeriría, desde luego, la revisión y modificación del marco jurídico de hidrocarburos vigente en Venezuela y, seguramente, de leyes

---

153 Levin y Pettersson, sostienen: "*PDVSA is an SOE adopting the form of a corporation (sociedad anónima). As such it is subject to a Private Law framework, given that they are created using legal forms consistent with Commercial Law, regardless of the involvement of the State in their inception or the existence of public funding in the form of equity, notwithstanding their hybrid public-private nature and consequential applicability of special rules of public or administrative law*". *Ob. Cit.*

154 Walker apunta que: "*The first step would be for Venezuela to enact a new law that would enable PDVSA to restructure its liabilities through a process that is consistent with Chapter 15 of the US Bankruptcy code. The new law would be administered by a special court to be established with newly appointed independent judges. PDVSA and its creditors (all of them, not just bondholders, but separated into different classes if and to the extent appropriate) would then seek to negotiate a consensual restructuring*". *Cfr.*: Walker, Mark, *Ob. Cit.*

155 "*Indeed, the rather generic reference of Article 27 of the Hydrocarbons Organic Act seems to confirm the constitutional possibility of having the Venezuelan State create a new SOE 'for the management of the oil industry,' thus replacing PDVSA in its current role as Venezuelan' oil industry operator*". *Vid.*: Levin, Richard, y Pettersson, Roland, *Ob. Cit.*

especiales que incorporen principios de insolvencia aplicados en el sector privado, como ha pasado en el derecho comparado con otras empresas estatales que precisaron de normativas *ad hoc* para garantizar bien su reestructuración o su ordenada liquidación[156].

d) Lineamientos sustantivos (financieros)

Este apartado asunto es propiamente de ingeniería financiera y, de nuevo, excede consideraciones jurídicas. Nos limitaremos a sugerir que un proceso de reestructuración como el que se espera debe necesariamente ser tan flexible e innovador como sea jurídicamente posible, adaptándose a las necesidades del panorama financiero actual. Respecto de la reestructuración de la deuda financiera, reconocemos que ésta variará si se trata de obligaciones derivadas de *Bonos Soberanos* o de *Bonos PDVSA*, pues ambos contienen distintas condiciones y procedimientos aplicables, siendo esencial abordar cada uno de manera separada.

En cuanto a las particularidades sustantivas desde el punto de vista financiero, asumiendo la integralidad de un proceso de reestructuración, creemos que lo esencial sería considerar la procedencia de un abanico de opciones tradicionales usadas en situaciones similares, así como de alternativas heterodoxas que otorguen flexibilidad sin perder credibilidad, dentro de las cuales destacamos las siguientes:

(xi) *Moratoria*

La moratoria de pagos de deuda ("*payment moratorium*", también conocida como "*standstill*") consiste en la suspensión temporal del servicio de la deuda, bien de capital, intereses o de ambos, durante un período acordado y sin que ello implique, en principio, una reducción

156 Podemos destacar el caso del conglomerado agropecuario croata *Agrokor* que, a pesar de ser una empresa privada pero sometida a un régimen especial de protección estratégica por el estado croata, se sometió al *Chapter 15* en Nueva York, proceso dilatado que culminó con un acuerdo para los acreedores americanos y la creación de una nueva sociedad local. *Vid.*: Clarke, Ben, "*Agrokor granted Chapter 15 protection in New York*", en *Global Reestructuring Review*, 24 de septiembre de 2018, disponible en: https://globalrestructuringreview.com/article/agrokor-granted-chapter-15-protection-in-new-york; y Rancic, Nedad, "Agrokor. A case of controlled collapse", en Beros, Recker *et al.*, *Economic and Social Development: 27th International Scientific Conference on Economic and Social Development*, Croacia, 2018, p.p. 753-762.

nominal de la deuda. Su finalidad es aliviar la presión de liquidez del deudor, congelando un potencial incumplimiento inicial, mientras se generan condiciones macroeconómicas que permitan restablecer un esquema de pagos sostenible.

Es claro que al no estar dando servicio a la deuda, existe una moratoria *de facto* respecto de las obligaciones de pago. No obstante, nos referimos aquí a un *standstill negociado*, es decir, consensuado y pactado con los acreedores y ordenado jurídicamente. Bajo ese escenario, sería deseable que Venezuela pudiese negociar tal periodo de gracia para suspender determinada categoría pagos que sean significativos (intereses y/o capital), con la finalidad expresa de facilitar la recuperación inicial del aparato productivo del país y su estabilización macroeconómica.

Si bien se ha comentado que las moratorias suelen percibirse como una señal de debilidad financiera del deudor que puede afectar la confianza de los acreedores, estudios en el ámbito privado vinculados con deuda comercial, han demostrado que las moratorias pueden ser beneficiosas para los partes involucradas, en la medida en que mejoran el repago en el mediano plazo y contribuyen a la sostenibilidad a largo plazo, especialmente en entornos complejos de insolvencia[157].

Es el caso venezolano, resulta evidente que el país precisaría de una moratoria post-reestructuración que le permita reactivar la industria petrolera a la par de revitalizar otros sectores económicos estratégicos y reorganizar internamente la distribución de la renta petrolera, fiscal y parafiscal. Sin embargo, para que ésta sea viable y aceptada por los acreedores, debería necesariamente integrarse a un plan económico integral, consensuado y creíble por los acreedores. En efecto, la moratoria solo posterga una potencial insolvencia (no la resuelve), por lo que su eficacia de su articulación con otras medidas complementarias (otros mecanismo clásicos que se analizan más adelante) y que, en nuestra propuesta, sería todas las medidas y objetivos del mencionado "plan económico nacional", que además estaría alineado también con el "consenso internacional" previamente alcanzado para el desarrollo del proceso de reestructuración.

[157] Fiorin, Stefano; Hall, Joseph; y Kanz, Martin, "How Do Borrowers Respond to a Debt Moratorium?: Experimental Evidence from Consumer Loans in India", WorldBank Group, 2023.

Esta condición ideal de inicio del proceso de reestructuración de deuda probablemente será puesta a prueba en la fase de negociación, en la medida en que es posible que no sea plenamente aceptada por el cúmulo de acreedores que han visto dilatadas por años sus reclamaciones y que enfrentan un comprensible apremio por comenzar a percibir pagos que otorguen certidumbre a su situación financiera.

(xii) *Quitas (Haircuts)*

La moratoria operaría como una estrategia transitoria de alivio de liquidez, pero no como un mecanismo permanente de ajuste de la deuda que haga sostenible su pago en un escenario post-reestructuración. Para esto se necesitaría negociar quitas o "*haircuts*" nominales sobre la deuda existente. En efecto, consideramos que esta medida complementarios se hace imperativa en los casos aplicables, pues la magnitud de la deuda venezolana amerita esas reducciones.

La quita implica una reducción directa del principal adeudado. Desde un punto de vista pragmático, sería natural esperar que el país plantee *ab initio* unos *haircuts* nominales, esto es, una reducción considerable de algunos puntos en sus pasivos para aliviar la carga financiera y hacerla sostenible, como ha sucedido en todas las reestructuraciones recientes: Argentina, Irak, Grecia, entre otras, en donde se negociaron quitas importantes que oscilaron entre el 60% y el 80%. Si bien no podríamos anticipar la magnitud de esas quitas, esto lo ven necesario la generalidad de los autores que han analizado la deuda externa venezolana.

Tal como señaló KARGMAN en el 2020, analizando una potencial reestructuración de la deuda venezolana, "*podría ser necesario que los acreedores de Venezuela perdonen parte de la deuda -i.e. reducciones en el principal de ciertas obligaciones existentes de deuda, también conocidas como 'haircuts'- con el objetivo de que Venezuela quede con una carga de deuda sostenible después de la reestructuración*"[158].

Ahora bien, las distintas categorías de acreedores permiten vislumbrar distintas condiciones de reestructuración. Se ha mencionado, a modo de ejemplo, que aun cuando el *Club de París* sí ha ofrecido en ocasiones alivio a la deuda por medio de quitas, su enfoque preponderante sería

---

[158] Kargman, Steven, "Venezuela's Potential Debt Restructuring and Economic Recovery Efforts: Some Key Legal and Policy Challenges", *Ob. Cit.*

el "*rescheduling*", esto es, la reprogramación de pagos (aplazamientos, enfoques escalonados), por lo podrían exceptuarse de quitas nominales. Esto puede conllevar, como bien apunta Olivares-Caminal, a que existan diversas categorías de deuda financiera: bonos cuya reestructuración implique quitas importantes y otros que sean honrados a su valor total, como sucedió en la reestructuración griega[159].

Este asunto, de nuevo, precisa de una discusión y negociación previa de descuentos al valor nominal de deuda con base en pagos reales que sean sostenibles en proyecciones a mediano y largo plazo respecto los acreedores, lo cual dependerá de muchas variables y de la forma en que se planteen de dichas quitas o recortes, pues los *haircuts* altos harán la deuda más sostenible pero serán más difíciles de negociar y los *haircuts* bajos serán más aceptables pero supondrán el riesgo de un incumplimiento eventual si la quita no es adecuada a la proyección real de pagos. Además, todo negociación deberá tomar en cuenta las eventuales pérdidas de los acreedores y la proyección del país desde el punto de vista de la inversión extranjera[160].

(xiii) *Reducción de tasas de interés y extensión de plazos de vencimiento*

Estos mecanismos complementarios serían básicamente *haircuts* económicos, los cuales resultan indispensables pues difícilmente la reestructuración no implicará el refinanciamiento de los bonos por medio de la reducción de las tasas para tener intereses que sean ma-

159 El autor comentó: "*However, when restructuring each bond separately, not reaching the majority in one issue will result in that bond not being restructured through the use of CACs. This might create two categories of bonds, those being restructured and accepting a hefty haircut and others that are not. This happened in Greece where some bonds receive a 53.5% haircut and others were honoured at full face value*". *Vid.*: Olivares-Caminal, Rodrigo, "Thoughts on the Possible Restructuring of Venezuelan Debt" (interview), *Ob. Cit.*

160 160 Como señalan Sturzenegger y Zettelmeyer, "*On the one hand, a debt restructuring that is perceived as letting private creditors off too easily may raise concerns about "investor moral hazard", if it occurs in the context of official crisis lending or official debt forgiveness (...). On the other hand, a restructuring that involves high investor losses may raise concerns about debtor moral hazard, and the future of the sovereign debt market. To evaluate whether such concerns were justified, one needs to begin with an assessment of the losses that investors were actually forced to take*". *Cfr.*: Sturzenegger, Federico; Zettelmeyer, Jeromin, "Haircuts: Estimating investor losses in sovereign debt restructurings, 1998–2005, en Journal of International Money and Finance, Vol. 27(5), Septiembre de 2008.

nejables o la extensión de los plazos de vencimiento para reducir la presión a corto plazo sobre las finanzas públicas.

Esto implica un reto que ha sido sorteado en casos previos, como señalan WALKER y COOPER, que han estudiado una potencial reestructuración en Venezuela, al indicar que "*históricamente, los soberanos que se han enfrentado a una mezcla similar de deuda (bonos no garantizados, deuda bilateral, reclamaciones y laudos de arbitraje y litigio) han logrado reestructurar la gran mayoría de su deuda utilizando técnicas tradicionales y han conseguido proteger sus activos críticos ubicados fuera de sus fronteras*"[161].

Para ciertos autores, independientemente de la realidad política, ambos supuestos siempre han sido necesario para poder solventar la crisis de la deuda externa venezolana. En efecto, BUCHHEIT y GULATI, autores que conocen la deuda griega y el caso venezolano con cierto nivel de detalle, han indicado que la duda será "*qué nivel de deuda puede soportar el país suponiendo un riguroso programa de ajuste económico y un renovado apoyo de la comunidad internacional*", presupuestos ambos que tenemos como ciertos en la eventualidad de llevarse este proceso, sosteniendo que: "*Por estas razones, la reestructuración quizás no requiera, en primera instancia, recortes significativos del principal. Sin duda, Venezuela no podrá destinar mucho dinero al servicio de la deuda mientras trata de salir de su situación actual. Por lo tanto, en la primera fase será necesaria una extensión de los vencimientos junto con una fuerte reducción de los cupones. Al final de este período de extensión (digamos, cinco años), se podrá emitir un juicio sobre si se necesita una reestructuración de la deuda más duradera y, de ser así, cuáles serían los términos de esa reestructuración*"[162].

(xiv) *Oil-warrants*

El término *oil-warrants* usado en la literatura de reestructuración de deuda externa post-default, alude a una especie de cláusula de contingencia que vincula pagos y beneficios a los acreedores directamente al desempeño de la industria petrolera del país deudor. Así, no son propiamente *warrants* financieros (como los *commodity reference warrants*

---

161 *Cfr.*: Walker, Mark, y Cooper, Richard, *Ob. Cit.*

162 *Vid.*: Buchheit, Lee, y Gulati, Mitu, "How to Restructure Venezuelan Debt", *Ob. Cit.*

o CoRW, que son instrumentos estructurados negociables), sino más bien incentivos funcionales para los acreedores que buscan compensar *haircuts* nominales o económicos y otorgan la posibilidad de un "*upside sharing*" entre el país y los acreedores cuando hay aumento de los precios del petróleo.

La propuesta de incorporar *oil warrants* dentro de las negociaciones eventuales de reestructuración fue realizada, entre otros, por Moatti y Muci en un documento de 2019 que analizó la posibilidad reestructurar la deuda venezolana, en el cual señalan como recomendación general "*hacer de los instrumentos de recuperación de valor ("oil warrants") un instrumento central en la estrategia de reestructuración de la deuda para gestionar la incertidumbre del precio del petróleo y evitar presiones repetidas en la balanza de pagos en caso de precios más bajos del petróleo*"[163].

Los autores agregan, además, que dado que todo balance de pagos proyectado por Venezuela será extremadamente sensible a los precios del petróleo y la producción petrolera, será inevitable una situación de incertidumbre de los acreedores en un escenario de caída de precios, por lo que sostienen que, en ese supuesto, Venezuela "*podría enfrentar presiones de balance de pagos acentuadas y podría verse obligada a una nueva reestructuración después de unos meses o años, poniendo en riesgo la recuperación*", por lo cual "*los 'oil warrants' deberían ser un componente crítico de la negociación para compensar por los altos recortes nominales y de mercado si los precios del petróleo suben* [lo que] *garantizaría que el gobierno comparta con los acreedores los beneficios de precios y producción de petróleo más altos, al mismo tiempo que limita el beneficio potencial de los acreedores a un nivel razonable*"[164].

Como indica Kargman, que también ha comentado sobre este mecanismo "*si el precio del petróleo supera una proyección base determinada, los acreedores tendrán derecho a un pago adicional, más allá de los pagos del servicio de la deuda que de otro modo recibirían según los términos de la deuda reestructurada. Por lo tanto, si la proyección base del precio del petróleo resulta ser demasiado conservadora, los*

---

163 Moatti, Thomas, y Muci, Frank, *An Economic Framework for Venezuela's Debt Restructuring, Ob. Cit.*

164 *Idem.*

acreedores podrán obtener un beneficio adicional basado en un precio del petróleo mejor de lo esperado"[165]. Es por tal motivo que el autor contempla la incorporación de este mecanismo, más que como una necesidad, como un incentivo para los acreedores.

3.2.3 Sobre la posibilidad de conversión de deuda por capital

Analizamos este punto por separado porque más que una herramienta financiera heterodoxa de reestructuración es un mecanismo que implica una propuesta jurídica con importantes implicaciones económicas, normativas y políticas, que superan las planteadas por los mecanismos tradicionales comentados que, sin duda, serán aplicados en nuestra reestructuración sin mayores complejidades.

En efecto, la posibilidad de instrumentar canjes o conversión de deuda, propuesta por diversos autores nacionales y extranjeros, requiere un análisis propio vinculado con su operatividad y procedencia jurídica dentro del marco normativo presente y futuro.

a) Debt-equity swaps

Este mecanismo plantea la conversión de deuda soberana en participación accionaria en empresas públicas. En su ejecución concreta podría realizarse el *swap* de deuda con participación en empresas públicas, mixtas e incluso por derechos de explotación de recursos, de forma directa o a través de vehículos diseñados a tal efecto[166].

(i) *Antecedentes*

Se originan a inicios de la década de 1980, producto de situaciones de default de economías de países en desarrollo, más como una innovación financiera que como una política de organismos multilaterales[167],

---

[165] Kargman, Steven, "*Thoughts on the Possible Restructuring of Venezuelan Debt*" (*interview*), *Ob. Cit.*

[166] Sobre el tema ver en general: Edwards, Sebastian, *Capital Flows, Foreign Direct Investment and Debt-equity swaps in developing countries*, National Bureau of Economic Research, 1990; Grosse, Robert, "The Debt/Equity Swap in Latin America- In Whose Interest?" en *Journal of International Financial Management and Accounting*, Vol. 4(1), Marzo de 1992.

[167] Ganitsky, Joseph; y Lema, Gerardo; "Foreign Investment Through Debt-Equity Swaps", en *MIT Sloan Management Review*; Cambridge Vol. 29(2), Invierno de 1998.

aunque luego fue adoptado por el FMI y tuvo un auge importante hasta inicios de 1990[168]. En Latinoamérica este tipo de conversión fue usada exitosamente en *Chile* (1985) y Brasil (1989), así como en Argentina y en menor medida en Bolivia, Perú, Ecuador y México[169], estos últimos como mecanismos complementarios dentro del *Plan Brady*. Cabe destacar que esas economías estaban, en su mayoría, migrando a esquemas de privatización, lo que favoreció el acceso a la inversión extranjera directa en coyunturas pre-default[170]. Sin embargo, notamos que a mediados de la década de 1990 el mecanismo decayó con motivo de la estabilización macroeconómica en pro de mecanismos de inversión extranjera directa.

(ii) *Operatividad*

El beneficio que se contemplaba con este tipo de *swaps* era reducir la deuda a la par de atraer inversión extranjera convirtiendo una obligación financiera en una participación económica del riesgo. Como señala WALLENSTEIN, tradicionalmente en esa participación se produce una privatización que puede hacerse por medio de inversión en el mercado de valores o inversión directa[171]. Este mecanismo, en todos los casos, implica un marco regulatorio claro y definido, así como un compromiso económico y político a nivel nacional, pues dado que implica una forma de privatización y ha sido usado en sectores estratégicos, su viabilidad requiere, además de una reforma integral normativa, un plan estratégico económico a largo plazo.

---

168 Además de Latinoamérica, este mecanismo fue aplicado en Europa del Este (Polonia, Hungría, Rumania), en Asia (Filipinas, Indonesia) y África (Nigeria y Egipto).

169 Para un análisis de la aplicación de los *debt-equity swaps* en Latinoamérica, ver el estudio: Blackwell, Michael y Nocera, Simon, "Debt-Equity Swaps", en Frenkel, Jacob, Dooley, Michael, et al., *Analytical issues in debt*, FMI, 1989.

170 Edwards, Sebastian, *Ob. Cit.*

171 "*The debt-equity swap is a mechanism by which a bank exchanges foreign sovereign external debt of a debtor country for an equity stake in a company in that country through privatization, stock market investment, or direct investment. That is, a bank holding debt has three choices. It can (1) continue to hold the debt, (2) try to sell it in the secondary market, or (3) swap it, either for debt of another country or for an equity stake*". *Cfr.*: Wallenstein, Stephen, "Debt-Equity Swaps and Conversion Funds", en Effros, Robert, *Current Legal Issues Affecting Central Banks*, Vol. II, FMI, 1994.

(iii) *Consideraciones sobre su aplicabilidad en la reestructuración venezolana*

Para Zandstra, quien ha estudiado de cerca el caso venezolano, los programas *debt-equity*, derivados de la era del *Plan Brady*, podrían representar la mayor contribución a la reducción de la deuda soberana venezolana en la reestructuración[172]. Sin embargo, este aspecto merece detenimiento pues, aunque excede técnicamente lo que pretendemos con este estudio, tales propuestas implican la posible participación de terceros en proyectos de hidrocarburos a través de empresas del sector petrolero que, en nuestro caso, son empresas del Estado y, como tales, entes descentralizados funcionalmente que forman parte del patrimonio público.

Dentro del marco constitucional y legal vigente en Venezuela para la industria petrolera una operación de esta naturaleza no podría llevarse a cabo sin una modificación integral de ese régimen jurídico y, asumiendo que esta se llevase a cabo, habría que evaluar previamente la operatividad de este mecanismo en lo que respecta a PDVSA y sus filiales desde un punto de vista operativo, admitiendo una flexibilidad hasta ahora inédita en nuestra organización administrativa.

Dicho lo anterior, existe un antecedente de canje de deuda externa venezolana por acciones en una sociedad, pero notamos que las condiciones fácticas y particulares de esa operación dificultan que esta constituya propiamente un precedente. En efecto, si bien se trató de un swap de bonos por acciones, el canje parece muy distinto de los que involucrarían participación extranjera en empresas petroleras venezolanas (que son los planteados por la doctrina), pues se realizó sobre activos en el exterior que fueron adquiridos por PDVSA, a través de una filial *ad hoc* (*PDV Caribe, S.A.*), en el marco del *Acuerdo Petrocaribe* de venta de crudo entre Venezuela y la República Dominicana. La operación, sin embargo, fue provechosa para ambas partes y reveló la conveniencia de explorar alternativas novedosas de reestructuración y permitió poner a prueba la aceptación de la OFAC de tales mecanismos[173].

172 La autora es parte de Clifford Chance y ha emitido documentos y participado en foros sobre la deuda soberana venezolana. Zandstra, Deborah, *Ob. Cit.*

173 Carrasquero, Andrés; Escovar, Ramón; y Campos, Mariana, *Ob. Cit.*

El *swap* en referencia se llevó en a cabo en 2021, cuando un grupo empresarial dominicano (*Patsa Ltd.*) tenedor de bonos PDVSA en *default*, negoció recibir como pago de sus títulos el 49% de las acciones de PDV Caribe, S.A. (PDVSA) en la petrolera estatal *Refinería Dominicana de Petróleo, S.A.* (*Refidomsa*), adquiridas por Venezuela ante el impago del estado dominicano de envíos de crudo. El canje, organizado para contar con la participación de los interesados y del gobierno de la República Dominicana (que finalmente adquirió esas acciones de Patsa Ltd.), fue aceptado por la OFAC y permitió a Venezuela liquidar bonos en *default* (con un descuento del 74,5%) y a *Refidomsa* cambiar de titularidad para ser una empresa 100% del estado dominicano, excluyéndose de la limitación de las sanciones económicas que le resultaban aplicables por haber contado con participación de PDVSA en su capital[174]

b) *Debt-resource swaps*: conversión de deuda por proyectos de hidrocarburos

En lugar de contemplar un *debt-equity swap* tradicional, que busca participación accionaria en empresas públicas mixtas, proyectamos un plan de apertura petrolera en el cual se realicen *swaps* de deuda por recursos, es decir, *debt-resource swaps*, en donde la conversión total o parcial de bonos soberanos se vincule con derechos de explotación en proyectos de hidrocarburos por vía de asignaciones, sin que eso represente participación directa de los acreedores en empresas del Estado.

Como indicó Kargman, no se realizaría un swap clásico de deuda por acciones, sino de un canje de obligaciones por "*derechos de desarrollo petrolero otorgados al acreedor que participa en la reestructuración*", agregando que "*para los acreedores que opten por acogerse a dicho canje de deuda por acciones, estarían apostando a un posible beneficio si logran desarrollar con éxito las reservas que se les asignan y si, por ejemplo, el precio del petróleo se eleva más allá de las expectativas actuales*"[175].

---

[174] Nota de prensa del Ministerio de Hacienda de la República Dominicana del 19 de agosto de 2021, titulada "*Gobierno dominicano adquiere el control del 100 % de las acciones de Refidomsa*", disponible en: https://www.hacienda.gob.do/gobierno-dominicano-adquiere-el-control-del-100-de-las-acciones-de-refidomsa/

[175] Kargman, Steven, "*Thoughts on the Possible Restructuring of Venezuelan Debt*" (*interview*), *Ob. Cit.*

Incluso en un escenario de apertura, reconocemos que este no es un planteamiento de fácil ejecución entre otras cosas porque el petróleo y la industria se han considerado siempre como parte de la soberanía nacional y se han vinculado estrechamente con la seguridad económica del venezolano, pero lo cierto es que la situación actual amerita su estudio dado que, de alguna u otra manera, la reconstrucción nacional está ligada a la industria petrolera y el consenso que puede tener Venezuela con los acreedores internacionales implicará, necesariamente, una apertura del sector hidrocarburos como ancla para la generación de renta por medio de la inversión extranjera, pues el deterioro de la infraestructura es tal que difícilmente podría llevarse a cabo sin auxilio, buscado o no, de las grandes petroleras transnacionales.

Un proyecto de esta naturaleza requerirá de un delicado equilibrio entre sostenibilidad, soberanía, credibilidad y pragmatismo, algo que sin duda será desafiante en el caso venezolano.

IV. CONCLUSIONES

1. La reestructuración integral de la deuda pública externa venezolana constituye una condición ineludible y prioritaria para la reconstrucción económica e institucional del país en el corto y mediano plazo. Es necesario adelantar con urgencia un proceso de planificación serio de dicha reestructuración, tanto por la magnitud del pasivo externo -que podría superar los US$ 175.000 millones- como por el carácter restrictivo para cualquier estrategia de recuperación económica que dicho problema presenta. La presión de los acreedores, el estado del patrimonio nacional y el impacto directo de la gestión de las finanzas públicas sobre la población venezolana, hacen inviable postergar el debate nacional académico sobre este desafío inmediato.
2. Si bien el estado de la deuda pública externa actual presenta características inéditas, no resulta ajena a la historia financiera venezolana. La deuda externa y sus sucesivos procesos de refinanciamiento y reestructuración han sido una constante desde los inicios de la República y un recorrido histórico no solo ofrece un registro de crisis recurrentes, sino también de lecciones relevantes sobre los

riesgos de una dependencia excesiva de la renta petrolera y sobre la necesidad de disciplina fiscal e institucional. En este sentido, el endeudamiento de las últimas décadas aparece más como consecuencia de un manejo inadecuado de recursos extraordinarios que como un fenómeno estrictamente coyuntural.

3. Del análisis doctrinal, normativo y comparado se desprende que, pese a los múltiples obstáculos jurídicos, políticos y operativos, no existe una imposibilidad material o legal que excluya la viabilidad de una reestructuración integral de la deuda soberana venezolana. Por el contrario, dicho proceso resulta completamente factible, aunque previsiblemente extraordinario en su complejidad y sin precedentes en la práctica contemporánea. Su éxito dependerá del cumplimiento de una serie de condiciones esenciales y de una ejecución técnicamente rigurosa, transparente y coordinada a nivel interno e internacional.
4. Dado que no existe un mecanismo único ni predeterminado en el derecho internacional para la reestructuración de deuda soberana, y considerando el carácter singular del caso venezolano, este estudio propone una serie de lineamientos generales orientadores, no exhaustivos, que deberían guiar cualquier proceso futuro de reestructuración:
   (i) Condiciones previas mínimas necesarias:
      a. Determinación de magnitud y naturaleza.
      b. Consenso internacional.
      c. Acuerdo nacional perentorio
      d. Transparencia y consideración universal de los acreedores
   (ii) Lineamientos estratégicos de política económica:
      a. Plan económico nacional.
      b. Participación de organismos multilaterales
      c. Apertura a la inversión extranjera.
   (iii) Lineamientos estructurales e institucionales:
      a. Adaptación del marco legal y reglamentario.
      b. Protección de activos nacionales en el extranjero.
      c. Reestructuración de PDVSA y filiales.
   (iv) Lineamientos sustantivos financieros:
      a. Moratoria.

   b. Quitas (*Haircuts*).
   c. Reducción de tasas de interés y extensión de plazos.
   d. Oil Warrants
   e. Conversión de deuda (*debt-equity/resource swaps*).
5. En particular, en relación con el mecanismo de conversión de deuda, se plantea que esta no se limite a esquemas tradicionales de *debt-equity swaps*, sino que podría estructurarse mediante herramientas de conversión por derechos de explotación de recursos naturales en el sector hidrocarburos (*debt-resource swaps*). Este enfoque permitiría vincular la solución del pasivo externo con la reactivación productiva, sin implicar necesariamente participación accionaria directa de acreedores en empresas estatales, preservando la organización administrativa tradicional y la soberanía sobre el control de los recursos naturales.
6. Una reestructuración ordenada y estratégicamente articulada de la deuda pública externa puede convertirse no solo en un instrumento de sostenibilidad financiera, sino en un eje central para canalizar inversión productiva, revitalizar la industria petrolera y sentar las bases de una reconstrucción económica duradera para Venezuela.

V. BIBLIOGRAFÍA

Acemoglu, Daron, "The Great Debt Cleanup" (Jun.23.2020), en *Project Syndicate*, Nueva York, 2020, disponible en: https://www.project-syndicate.org/commentary/plan-to-navigate-emerging-market-debts-by-daron-acemoglu-2020-06

Alayón, Ángel, "Venezuela: la deuda externa en cifras", *Prodavinci*, Caracas, 2017, disponible en: https://especiales.prodavinci.com/deudaexterna/

Badell Madrid, Rafael, "Comentarios sobre la sentencia No 821 de la Sala Político Administrativa del Tribunal Supremo de Justicia de fecha 8 de diciembre de 2022, referidos a los contratos de interés público nacional", en *Revista de Derecho Público*, No. 171-172, Editorial Jurídica Venezolana, Caracas, 2022, p. 319, disponible en: https://revistadederechopublico.com/archivos/revistas/revista-de-derecho-publico-director-no-171-172-julio-diciembre-2022

Badell Madrid, Rafael, "*Los Contratos de Interés Público Nacional*", en *Revista de Derecho Administrativo*, No. 19, Julio-Diciembre 2004, Caracas, 2004, disponible en: http://www.ulpiano.org.ve/revistas/bases/artic/texto/RDA/19/rda_2004_19_41-67.pdf

Badell Madrid, Rafael, "Contratos de Interés Público" en *Revista de Derecho Público*, No. 159-160, Editorial Jurídica Venezolana, Caracas, 2021, disponible en: https://badellgrau.com/revista-de-derecho-publico-nro-159-160/

Banca y Negocios, "Torino: Deuda externa venezolana representa 186% del PIB" (06.05.2019), Caracas, 2019, disponible en: https://www.bancaynegocios.com/torino-deuda-externa-venezolana-representa-186-del-pib/

Berglund, Susan, "The Public Debt of Venezuela: Causes and Effects, 1830-1870", en Liehr, Reinhard, *The public debt in Latin America in historical perspective*, Bibliotheca Ibero-Americana Vervuert, Madrid, 1995, p. 421, disponible en: https://publications.iai.spk-berlin.de/servlets/MCRFileNodeServlet/Document_derivate_00002004/BIA_058_417_445.pdf

Blackwell, Michael y Nocera, Simon, "Debt-Equity Swaps", en Frenkel, Jacob, Dooley, Michael, et al., *Analytical issues in debt*, Fondo Monetario Internacional, 1989.

Borensztein, Eduardo y Panizza, Ugo, *The Costs of Sovereign Debt Default*, IMF Working Paper, Fondo Monetario Internacional, 2008, disponible en: https://www.imf.org/en/Publications/WP/Issues/2016/12/31/The-Costs-of-Sovereign-Default-22346

Brewer Carías, Allan R., "El Poder Público" en *Instituciones Políticas y Constitucionales*, Tomo II, Caracas, p.p. 144.

Brewer-Carías, Allan R., "Las vicisitudes del pago de la deuda privada externa y las incongruencias jurídicas del poder ejecutivo" en *Revista de Derecho Público*, N° 27, Editorial Jurídica Venezolana, Caracas, 1986, p.p. 36-49.

Brewer-Carías, Allan R., "Nuevas consideraciones sobre el régimen jurídico de los contratos del Estado en Venezuela" en *Revista de Derecho Administrativo*, No. 2, Caracas, 2006, disponible en: https://revistas.pucp.edu.pe/index.php/derechoadministrativo/article/view/16331

Brewer-Carías, Allan R., "El intento fallido de la Asamblea Nacional de ejercer el control político sobre la administración pública investigando la actuación de PDVSA, y su anulación por la Sala Constitucional" en *Revista de Derecho Público*, No. 147-148, Editorial Jurídica Venezolana, Caracas, 2016, p. 359, disponible en: https://revistadederechopublico.com/archivos/articulos/el-intento-fallido-de-la-asamblea-nacional-de-ejercer-el-control-politico-sobre-la-administracion-publica-investigando-la-actuacion-de-pdvsa-y-su-anulacion-por-la-sala-constitucional

Brewer-Carías, Allan R., "El desconocimiento judicial del poder de la Asamblea Nacional para legislar", en *Revista de Derecho Público*, N° 145-146, Editorial Jurídica Venezolana, Caracas, 2016, p.p. 377-426.

Buchheit, Lee, y Gulati, Mitu, "How to Restructure Greek Debt", en *Duke Law School Public Law & Legal Theory Series*, Mayo 2010, disponible en: http://dx.doi.org/10.2139/ssrn.1603304

Buchheit, Lee, y Gulati, Mitu, "How to Restructure Venezuelan Debt", en *Duke Law School Public Law & Legal Theory Series*, No. 52, Agosto 2017, disponible en: https://scholarship.law.duke.edu/faculty_scholarship/3758

Calvo, Guillermo, "Servicing the Public Debt: The Role of Expectations", en *The American Economic Review*, Vol. 78, No. 4 (Sep), 1988, p.p. 647-661.

Carrasquero, Andrés, Escovar, Ramón, y Campos, Mariana, *Deuda Externa Venezolana derivada de los Bonos*, Observatorio de Gasto Público, CEDICE Libertad, Caracas, 2022, disponible en: https://cedice.org.ve/ogp/reporte/deuda-externa-venezolana-derivada-de-los-bonos/

Carrasquero, Andrés, Escovar, Ramón, y Campos, Mariana, *La Reestructuración de la Deuda Externa Venezolana: experiencias, límites y propuestas efectivas*, CEDICE Libertad, Caracas, 2022, disponible en: https://cedice.org.ve/ogp/wp-content/uploads/2022/12/Reestructuracion-deuda-ext.-venezolana-3.pdf

Carrasquero, Andrés, Escovar, Ramón, Campos, Mariana, y Freitas, Víctor, *Procesos de reestructuración de la deuda soberana: lecciones aprendidas para Venezuela de Uruguay, Grecia, Puerto Rico y Argentina*, CEDICE Libertad, Caracas, 2023, p. 6, disponible en: https://cedice.org.ve/ogp/wp-content/uploads/2023/08/Reestructuracion-Deuda-OGP.pdf

Clarke, Ben, "Agrokor granted Chapter 15 protection in New York", en *Global Reestructuring Review*, 24/09/2018, disponible en: https://globalrestructuringreview.com/article/agrokor-granted-chapter-15-protection-in-new-york

Comín, Francisco, *Las crisis de la deuda soberana en España (1500-2015)*, Ed. Los Libros de la Catarata, Madrid, 2016.

Das, Udaibir, Papaioannou, Michael G., y Trebesch, Christoph, *Sovereign Debt Restructurings 1950-2010: Concepts, Literature Survey, and Stylized Facts*, IMF Working Paper WP/12/203, Fondo Monetario Internacional, Washington, 2012, disponible en: https://www.imf.org/en/Publications/WP/Issues/2016/12/31/Sovereign-Debt-Restructurings-1950-2010-Literature-Survey-Data-and-Stylized-Facts-26190

Departamento del Tesoro de los Estados Unidos de América, "The History of the Debt", en *TreasuryDirect*, disponible en: https://treasurydirect.gov/government/historical-debt-outstanding/

Dialogue Earth, "China is a long-term player in Venezuela's energy future", disponible en: https://dialogue.earth/en/energy/6895-china-is-a-long-term-player-in-venezuelas-energy-future/

Dippelsman, Robert, Dziobek, Claudia y Gutiérrez Mangas, Carlos, *What Lies Beneath: The Statistical Definition of Public Sector Debt*, IMF Staff Discussion Note, Fondo Monetario Internacional, Washington, 2012, disponible en: https://www.imf.org/external/pubs/ft/sdn/2012/sdn1209.pdf

Duque Corredor, Román, "Nulidad de los bonos PDVSA 2020" en *Revista de Derecho Público*, No. 161-162, Editorial Jurídica Venezolana, Caracas, 2022, p.p. 349-352, disponible en: https://revistadederechopublico.com/wp-content/uploads/2022/12/Revista-de-Derecho-Publico-No-161-162-2020-cov.-txt-4-1-2.pdf

Easterly, William, "Debt Relief", en *Foreign Policy*, Vol. 127, Nov/Dec. 2001, p.p. 20-26.

Easterly, William, "How Did Heavily Indebted Poor Countries Become Heavily Indebted? Reviewing Two Decades of Debt Relief", Policy Research Working Paper, en *World Development*, Vol. 30-10, 2022, disponible en: https://documents.worldbank.org/en/publication/documents-reports/documentdetail/232501468739141596/how-did-highly-indebted-poor-countries-become-highly-indebted-reviewing-two-decades-of-debt-relief

Edwards, Sebastian, *Capital Flows, Foreign Direct Investment and Debt-equity swaps in developing countries*, National Bureau of Economic Research, 1990.

Escobar, Gustavo, "El Laberinto de la Economía" en Naím, Moisés, y Piñango, Ramón, *El Caso Venezuela: una ilusión de armonía*, IESA, Caracas, 1985, p.p. 71-101.

Expansión, "Deuda Pública Argentina – 2022", en *Datosmacro.com*, disponible en: www.datosmacro.expansion.com/deuda/Argentina

Expansión, "Deuda Pública de Grecia – 2011", en *Datosmacro.com*, disponible en: www.datosmacro.expansion.com/deuda/Grecia

Fabela, Isidro, *Las Doctrinas Monroe y Drago*, Universidad Nacional Autónoma de México, Ciudad de México, 1957.

Ferrer, Elías, *"Venezuela's long and winding debt restructuring road*" en *Financial Times*, Vol. Marzo 2019, disponible en: https://www.ft.com/content/629ba3b7-2e4b-49d7-9d00-e70e7cb4f3af

Fondo Monetario Internacional / International Monetary Fund, *External Debt Statistics: Guide for Compilers and Users*, Washington, 2023, disponible en: https://www.imf.org/external/pubs/ft/eds/Eng/Guide/index.htm

Fondo Monetario Internacional / International Monetary Fund, *World Economic Outlook - 2020*, Washington, 2020.

Forte, Santiago, y Peña, Juan, "Debt refinancing and credit risk", en *Spanish Review of Financial Economics (Revista de Economía Financiera)*, Vol. 9-1, Madrid, Julio, 2010, disponible en: https://papers.ssrn.com/sol3/papers.cfm?abstract_id=1689903

Ganitsky, Joseph; y Lema, Gerardo; "Foreign Investment Through Debt-Equity Swaps", en *MIT Sloan Management Review*, Cambridge Vol. 29(2), Invierno de 1998.

Graeber, David, *Debt: The First 5000 Years*, Melville House Publishing, Nueva York, 2011.

Grosse, Robert, "The Debt/Equity Swap in Latin America- In Whose Interest?" en *Journal of International Financial Management and Accounting*, Vol. 4(1), Marzo de 1992

Guzmán, Martín y Stiglitz, Joseph, *Un mecanismo de «derecho blando» para la reestructuración de la deuda soberana. Basado en los Principios de la ONU*, Ed. Friedrich Ebert Stiftung, Nueva York, 2016, disponible en: https://library.fes.de/pdf-files/iez/13425.pdf

Hernández Delfino, Carlos, "El plan Baker para la deuda: bosquejo para una evaluación", *Prodavinci*, Caracas, 2021, disponible en: https://prodavinci.com/el-plan-baker-para-la-deuda-bosquejo-para-una-evaluacion/

Hernández Delfino, Carlos, "Venezuela y la iniciativa Brady", *Prodavinci*, Caracas, 2021, disponible en: https://prodavinci.com/venezuela-y-la-iniciativa-brady/

Hernández, José Ignacio, "¿Qué está pasando con la deuda pública externa venezolana?", en *La Gran Aldea*, Caracas, Feb. 2022.

Hernández, José Ignacio, "A propósito del caso de los bonos PDVSA 2020 y la interaplicación del derecho mercantil y constitucional", en *Revista Venezolana de Derecho Mercantil*, Nro. 6, 2021, Caracas, p.p. 105-133, disponible en: http://www.ulpiano.org.ve/revistas/bases/artic/texto/RVDM/6/RVDM_2021_6_105-133.pdf

Hernández, José Ignacio, *The Venezuelan External Public Debt Crisis: Everything Everywhere All at Once*, Center for Strategic and International Studies, Washington, 2023, disponible en: https://www.csis.org/analysis/venezuelan-external-public-debt-crisis-everything-everywhere-all-once

Hinrichsen, Simon, "The Iraq sovereign debt restructuring", en *Capital Markets Law Journal*, Vol. 16 (1), enero de 2021.

Humes, Hans, "*Thoughts on the Possible Restructuring of Venezuelan Debt*" (*interview*), LEC Abogados, Caracas, 2023, disponible en: https://www.lec.com.ve/en/home/#blog

Independent Evaluation Group, *Debt Relief for the Poorest. An Evaluation Update of the HIPC Initiative*, Banco Mundial/World Bank, Washington, 2006, disponible en: https://openknowledge.worldbank.org/server/api/core/bitstreams/bb514953-7881-52ba-a0f3-948412a47d1c/content

Italiani, Fulvio, Omaña, Carlos y Pettersson, Roland, "Refinancing Venezuela's Debt: Local Legal and Policy Issues" en *The Guide to Restructuring - 3rd Ed.*, LatinLawyer, Jun-2024, disponible en: https://latinlawyer.com/guide/the-guide-restructuring/third-edition/article/refinancing-venezuelas-debt-local-legal-and-policy-issues

Karanasos, Menelaos, Koutroumpis, Panagiotis, Hatgioannides, John, *et al.*, "The Greek Dra(ch)ma: 5 Years of Austerity. The Three Economists' View and a Comment" en *Papers on Greece and Southeast Europe*, No. 113, Hellenic Observatory del London School of Economics, Londres, Agosto de 2017, disponible en: https://www.lse.ac.uk/Hellenic-Observatory/Assets/Documents/Publications/GreeSE-Papers/GreeSE-No113.pdf

Kargman, Steven, "Venezuela's Potential Debt Restructuring and Economic Recovery Efforts: Some Key Legal and Policy Challenges" en *Revista Venezolana de Legislación y Jurisprudencia*, No. 13, Caracas, 2020, p.p. 163-190, disponible en: https://hlsbankruptcyr.wpengine.com/wp-content/uploads/2020/07/RVLJ-13-163-190_S.Kargman_Venezuela_Debt_Restructuring_and_Economic_Recovery_FINAL.pdf

Kargman, Steven, "Venezuela: Prospects for Restructuring Sovereign Debt and Rebuilding a National Economy against the backdrop of a Failing State", en Journal de la *Association of Insolvency & Restructuring Advisors (AIRA)*, 2021, disponible en: https://blogs.law.ox.ac.uk/business-law-blog/blog/2021/10/venezuela-prospects-restructuring-sovereign-debt-and-rebuilding

Kargman, Steven, "*Thoughts on the Possible Restructuring of Venezuelan Debt*" (*interview*), LEC Abogados, Caracas, 2023, disponible en: https://www.lec.com.ve/en/home/#blog

Katsikas, Dimitris, "La crisis económica griega del 2012" en *Anuario Internacional CIDOB 2013*, p. 197 y ss., disponible en: https://www.raco.cat/index.php/AnuarioCIDOB

Kelly, Janet, "Las empresas del estado. Del lugar común al sentido común" en Naím, Moisés, y Piñango, Ramón, *El Caso Venezuela: una ilusión de armonía*, IESA, Caracas, 1985, p. 141.

Kotze, Antonie, "Debt, Defaults and Crises: A Historical Perspective" (working paper), Financial Chaos Theory Pty. Ltd., 2015.

Krueger, Anne, *A New Approach To Sovereign Debt Restructuring*, Fondo Monetario Internacional, Washington, 2002.

Laryea, Thomas, *Approaches to Corporate Debt Restructuring in the Wake of Financial Crises*, IMF Staff Position Note, Fondo Monetario Internacional, Washington, 2010, disponible en: https://www.imf.org/external/pubs/ft/spn/2010/spn1002.pdf

LEC Abogados, "Thoughts on the Possible Restructuring of Venezuelan Debt" (*interview series*), Caracas, 2023, disponible en: https://www.lec.com.ve/en/home/#blog

Levin, Richard, y Pettersson, Roland, "A New PDVSA? The Transfer of Venezuela's Oil Assets to a Successor Entity and Fraudulent Conveyance", en *Capital Markets Law Journal*, Vol. Marzo-19, Oxford University Press, 2019, disponible en: https://papers.ssrn.com/sol3/papers.cfm?abstract_id=3349158

Liehr, Reinhard, "La deuda exterior de la Gran Colombia frente a Gran Bretaña 1820-1860" en *The public debt in Latin America in historical perspective*, Biblioteca Ibero-Americana Vervuert, Madrid, 1995, p.p. 466-488, disponible en: https://publications.iai.spk-berlin.de/receive/riai_mods_00002381

Looney, Robert, "Venezuela's Economic Crisis: Origins and Successes in Stabilization", en *Journal of Social, Political and Economic Studies*, Council for Social and Economic Studies, 1986, p.p. 327-337.

Lowenthal, Abraham F., *Venezuela's Elusive Transition: Toward a New Path*, Wilson Center, Washington, 2021, disponible en: https://www.wilsoncenter.org/publication/venezuelas-elusive-transition-toward-new-path

Marichal, Carlos, *Historia de la deuda externa de América Latina: Desde la independencia hasta la gran depresión, 1820-1930*, Alianza Editorial, Ciudad de México, 1988, p.p. 17 y ss.

Maza Zavala, Domingo, "Deuda 1935-1993" en *Diccionario de Historia de Venezuela*, Tomo 2, Fundación Empresas Polar, 2° Ed., Caracas, 2011, p. 95.

McCoy, Jennifer, "The Politics of Adjustment: Labor and the Venezuelan Debt Crisis" en *Journal of Interamerican Studies and World Affairs*, V. 28-4, Cambridge University Press, 1987, p. 103.

Milevsky, Moshe, *The Day the King Defaulted: Financial Lessons from the Stop of the Exchequer in 1672*, Macmillan, 2017.

Mitchell, Nancy, "Venezuela Blockade (1902–1903)" en Martel, Gordon, *The Encyclopedia of War*, Wiley-Blackwell, Londres, 2011.

Moatti, Thomas, y Muci, Frank, *An Economic Framework for Venezuela's Debt Restructuring*, Harvard Kennedy School, Boston, 2019, disponible en: https://www.hks.harvard.edu/sites/default/files/degree%20programs/

MPAID/files/Moatti%2C%20Thomas%20and%20Muci%2C%20 Frank%20SYPA.pdf

Moreno, María Antonia, "La Ley Orgánica de Administración Financiera del Sector Público. Contenido, alcance y limitaciones" en *Revista Venezolana de Análisis de Coyuntura*, Vol. VII-2, Universidad Central de Venezuela, Caracas, 2001.

Morgan Stanley, "Investors Evaluate Developments in Venezuela", en *MS Insigths*, enero de 2026, disponible en: https://www.morganstanley.com/insights/articles/market-implications-us-intervention-venezuela

Ocampo, José Antonio, "The Urgency of Sovereign-Debt Restructuring" (18.04.2024), en *Project Syndicate*, Nueva York, 2024, disponible en: https://www.project-syndicate.org/commentary/world-needs-comprehensive-debt-restructuring-mechanism-by-jose-antonio-ocampo-2024-04

Olivares-Caminal, Rodrigo, "*Thoughts on the Possible Restructuring of Venezuelan Debt*" (*interview*), LEC Abogados, Caracas, 2023, disponible en: https://www.lec.com.ve/en/home/#blog

Oría, Salvador, *Finanzas*, Ed. Kraft, Buenos Aires, 1948.

Pargas Mujica, Luis, "Análisis de la deuda pública venezolana durante el período 1999-2019" en *Revista Alternativas de la Universidad Católica de Santiago de Guayaquil*, Vol. 20-1, Ecuador, 2019, disponible en: https://dialnet.unirioja.es/servlet/articulo?codigo=7445920

París, María, "Is Venezuela Headed to Debt Restructuring?", *Caracas Chronicles*, Mayo de 2024, disponible en: https://www.caracaschronicles.com/2024/05/06/is-venezuela-headed-to-debt-restructuring/

Pellegrino, Cosimina y Louza, Laura, "PDVSA firmó contrato de interés público nacional sin siquiera el aval de la Asamblea Nacional" en *Revista de Derecho Público*, No. 171-172, Editorial Jurídica Venezolana, Caracas, 2022, p. 111, disponible en: https://revistadederechopublico.com/archivos/revistas/revista-de-derecho-publico-director-no-171-172-julio-diciembre-2022

Pimentel y Roth, Francisco, *Historia del crédito público en Venezuela*, Ed. Ministerio de Crédito Público, Caracas, 1974.

Pimentel y Roth, Francisco, *Historia del crédito público en Venezuela*, Archivo General de la Nación, 1974.

Pimentel, Francisco, *Resumen cronológico de las leyes y decretos del crédito público de Venezuela desde el año 1826*, Ed. Ministerio de Crédito Público, Caracas, 1873.

Portes, Richard, Freixas, Xavier, Dewatripont, Mathías, *Macroeconomic Stability and Financial Regulation*, Center for Economic and Policy Research, Londres, 2009, disponible en: https://cepr.org/system/files/publication-files/68581-macroeconomic_stability_and_financial_regulation_key_issues_for_the_g20.pdf

Rancic, Nedad, "Agrokor. A case of controlled collapse", en Beros, Recker *et al.*, *Economic and Social Development: 27th International Scientific Conference on Economic and Social Development*, Croacia, 2018, p.p. 753-762.

Reinhart, Carmen; Rogoff, Kenneth; Savastano, Miguel, "Debt Intolerance" en *Brookings Papers on Economic Activity*, Vol. 1, 1-74, 2003.

Rengel Núñez, Pedro, "El sonado caso de los bonos Pdvsa 2020", en *Revista Venezolana de Derecho Mercantil*, Nro. 5, Caracas, 2020, p.p. 35-58, disponible en: https://www.traviesoevans.com/travieso/el-sonado-caso-de-los-bonos-pdvsa-2020-pedro-rengel-nunez/

Rodríguez, Francisco, *Sanctions, Economic Statecraft, and Venezuela's Crisis - Case Study*, Sanctions and Security Research Project, Ed. Fourth Freedom Forum, 2022, p. 8, disponible en: https://sanctionsandsecurity.org/publications/sanctions-economic-statecraft-and-venezuelas-crisis/

Rodríguez, Francisco, "Can Venezuela Chart a Path Out of Crisis?", en *Foreign Affairs*, Vol. Dic, 2023, disponible en: https://www.foreignaffairs.com/united-states/can-venezuela-chart-path-out-crisis

Rodríguez Campos, Manuel, "Deuda interna y deuda externa (1810-1930)" en *Diccionario de Historia de Venezuela*, Tomo 2, Fundación Empresas Polar, 2° Ed., Caracas, 2011.

Rojas Sardi, Armando, *Los Estados Unidos y el bloqueo de 1902: deuda externa: agresión de los nuevos tiempos*, Ed. Academia Nacional de la Historia, Caracas, 1992.

Sachs, Jeffrey, *The End of Poverty: Economic Possibilities for Our Time*, Penguin Press, Nueva York, 2005.

Salazar, Andrés, y Ospina, Ramón, "El bloqueo de las costas de Venezuela: un breve desencuentro con el imperialismo europeo" en *Revista Scientific*,

9(31), 68-86, 2024, disponible en: https://www.indteca.com/ojs/index.php/Revista_Scientific/article/view/944

Sansó, Beatrice, "La inmunidad de jurisdicción en el Artículo 151 de la Constitución de 1999", en *Libro Homenaje a Enrique Tejera París, Temas sobre la Constitución de 1999*, Centro de Investigaciones Jurídicas, Caracas, 2001, p. 333-368.

Santos, Miguel, "Venezuela: Anatomía de un colapso y una hoja de ruta para la reconstrucción", presentación en el foro *La Venezuela que viene. Soluciones políticas y económicas*, Universidad Andrés Bello, Santiago de Chile, 2019, disponible en: https://www.slideshare.net/slideshow/venezuela-anatoma-de-un-colapso-y-una-hoja-de-ruta-para-la-reconstruccin/138471758

Seelke R., Clare, "Venezuela: Overview of U.S. Sanctions Policy", US Congressional Research Service (CRS), Washington, 2020 (updated 2024), disponible en: https://crsreports.congress.gov/product/pdf/IF/IF10715

Sturzenegger, Federico; Zettelmeyer, Jeromin, "Haircuts: Estimating investor losses in sovereign debt restructurings, 1998–2005, en *Journal of International Money and Finance*, Vol. 27(5), Septiembre de 2008.

Tamburini, Francesco, "Historia y destino de la "Doctrina Calvo": ¿actualidad u obsolescencia del pensamiento de Carlos Calvo?" en *Revista de Estudios Histórico-Jurídicos*, Derecho Internacional, Valparaíso, Chile, 2002, disponible en: https://www.scielo.cl/scielo.php?script=sci_arttext&pid=S0716-54552002002400005

Taylor, Adam, "How Citgo, a U.S. oil company, became Venezuela's lifeline" (29/01/2019), en *The Washington Post*, disponible en: https://www.washingtonpost.com/world/2019/01/29/how-citgo-us-oil-company-became-venezuelas-lifeline/

Toro Jiménez, Fermín, *Manual de Derecho Internacional Público*, Caracas, 1982, pp. 481 y ss.

Vera, Leonardo, "La deuda pública externa que acabó con un país, salta una vez más al ruedo" en *PolitikaUcab - Revista del Centro de Estudios Políticos y de Gobierno*, Universidad Católica Andrés Bello, Caracas, 2020, disponible en: https://politikaucab.net/2020/09/22/la-deuda-publica-externa-que-acabo-con-un-pais-salta-una-vez-mas-al-ruedo/

Walker, Mark, "*Thoughts on the Possible Restructuring of Venezuelan Debt*" (*interview*), LEC Abogados, Caracas, 2023, disponible en: https://www.lec.com.ve/en/home/#blog

Walker, Mark, y Cooper, Richard, "Venezuela's Restructuring: A Path Forward" en *Emerging Markets Reestructuring Journal*, Cleary Gottlieb, Verano de 2019, disponible en: https://www.clearygottlieb.com/-/media/files/emrj-materials/issue-9-2018/venezuelas-restructuring--a-path-forward-pdf.pdf

Wallenstein, Stephen, "Debt-Equity Swaps and Conversion Funds" (Chapter 6), en Effros, Robert, *Current Legal Issues Affecting Central Banks*, Vol. II, Ed. Fondo Monetario Internacional, 1994, disponible en: https://www.elibrary.imf.org/configurable/content/book$002f9781557753069$002fch006.xml?t:ac=book%24002f9781557753069%24002fch006.xml

Weisbrot, Mark y Johnston, Jake, *Venezuela's Economic Recovery: Is it Sustainable?,* Center for Economic and Policy Research, Londres, 2012, disponible en: https://cepr.net/publications/venezuelas-economic-recovery-is-it-sustainable/

World Bank, *Global Financial Development Database*, Washington, disponible en: https://www.worldbank.org/en/publication/gfdr/data/global-financial-development-database

Yapur, Nicolle, "Venezuela, en default, contrata a Rothschild como asesor de deuda" (23.04.2024), en *Bloomberg (Bloomberg Línea)*, disponible en: https://www.bloomberglinea.com/latinoamerica/venezuela/venezuela-en-default-contrata-a-rothschild-como-asesor-de-deuda/

Youkee, Mat, "Venezuela Sovereign Debt: A Hefty Wager", en *LatinFinance,* Q3-2023, disponible en: https://latinfinance.com/magazine/2023-q3/2023/07/24/venezuela-sovereign-debt-a-hefty-wager/

Zandstra, Deborah, "*Thoughts on the Possible Restructuring of Venezuelan Debt*" (*interview*), LEC Abogados, Caracas, 2023, disponible en: https://www.lec.com.ve/en/home/#blog

www.ingramcontent.com/pod-product-compliance
Lightning Source LLC
LaVergne TN
LVHW042051051026
849517LV00012B/888